O Casal nosso de cada dia

Solange Maria Rosset

O Casal nosso de cada dia

O casal nosso de cada dia
Copyright © 2014 Artesã Editora
3ª edição, 1ª reimpressão, 2023

É proibida a reprodução total ou parcial desta publicação,
para qualquer finalidade, sem autorização por escrito dos editores.
Todos os direitos desta edição são reservados à Artesã Editora.

DIRETOR
Alcebino Santana

REVISÃO
Maggy de Matos

PROJETO GRÁFICO E DIAGRAMAÇÃO
Conrado Esteves

CAPA
Fabrício Tacahashi Lau dos Santos
Michelle Guimarães El Aouar
Rosana van der Meer
Silvio Gabriel Spannenberg

FICHA CATALOGRÁFICA

R829c   Rosset, Solange Maria.
           O casal nosso de cada dia/ Solange Maria Rosset. – 3. ed.
    – Belo Horizonte: Artesã Editora, 2014.
         160 p. ; 14 x 21cm.

         ISBN 978-85-88009-37-0

         1. Psicoterapia. 2. Psicoterapia familiar. 3. Terapia de casal.
I. Título.

                                                    CDD 616.891
                                                    CDU 615.851

Bibliotecária responsável: Camila C. A. C. de A. Araujo CRB6/2703

IMPRESSO NO BRASIL
Printed in Brazil

📞 (31)2511-2040   📱 (31)99403-2227
🌐 **www.artesaeditora.com.br**
📍 Rua Rio Pomba 455, Carlos Prates - Cep: 30720-290 | Belo Horizonte - MG
📷 📘 /artesaeditora

Aos clientes
com os quais desenvolvi
minha compreensão sobre casais,
a partir do que vivi com meus pais,
experimentei com meu companheiro,
e reaprendo com meus filhos
e seus parceiros.

Apresentação

Com este livro, dou continuidade à minha proposta de passar ao público em geral minhas ideias e meu trabalho em psicoterapia. No meu primeiro livro, *Izabel Augusta: a Família como Caminho*, relato um caso de **terapia individual** com participação e terapia de toda a família. No segundo, *Pais e Filhos: uma Relação Delicada*, coloco as questões da **terapia de família**, com todas as suas nuanças do desenvolvimento individual e dos vínculos parentais. Agora, enfoco as questões de casal, da **terapia de casal** e do dia a dia.

Estes três tópicos: terapia individual, terapia de família, terapia de casal formam a estrutura do meu trabalho de psicoterapeuta. Eles são abordados dentro dos princípios sistêmicos que embasam meu trabalho e minhas reflexões.

Meu desejo é que esse livro sirva como um complemento para meus alunos, seja útil para outros profissionais da terapia e possa auxiliar os casais a melhorarem a qualidade da sua relação.

Esse livro pode ser lido de duas formas: como tradicionalmente se lê um livro – do começo ao fim – ou como se fosse um jogo de Caça ao Tesouro. Para ler dentro dessa proposta, defina um dos itens do conteúdo para iniciar (jogando um dado duas ou três vezes e procurando o item que os números apresentarem ou abrindo uma página aleatoriamente); ao terminar de ler aquele item, siga as indicações para o próximo passo, que se encontram no final de cada assunto.

Dessa maneira, os terapeutas poderão usar o livro como um roteiro das questões de casais ou como um instrumento de trabalho no processo da terapia de casal ou individual. Por sua vez, os casais poderão inserir na sua relação, de uma forma mais leve e até lúdica, a leitura dos assuntos sérios e dos pontos de reflexão.

Sumário

Introdução..........11
1. Espaço de/do casal..........15
2. Comunicação..........19
3. Sexo e relacionamento..........29
4. Diferenças e diferentes..........33
5. Indivíduo / casal / família..........43
   5.1 Tipos de casais..........43
   5.2 Individualidade..........55
   5.3 Funções de casal..........61
   5.4 Conjugalidade e parentalidade..........65
6. E tudo o mais.............71
   6.1 Escolha do parceiro..........71
   6.2 Amor X Paixão..........74
   6.3 Adaptação às mudanças..........77
   6.4 Padrão de casal..........79
   6.5 Processo de casal..........80
   6.6 Riqueza da relação..........81
   6.7 Parceria..........82
   6.8 Intimidade..........83
   6.9 Autoestima..........84
   6.10 Concessões..........86
   6.11 Dependência e independência..........88
   6.12 Internet..........90
   6.13 Tempo..........93
   6.14 Projeção no outro daquilo que é seu..........93
   6.15 Infidelidade..........95
   6.16 Raiva..........99
   6.17 Brigas..........100

6.18 Fantasias mágicas......103
6.19 Solidão......104
6.20 Crises típicas do matrimônio......105
6.21 Ciúme......109
6.22 Busca de terapia......111
6.23 Fim de caso......113
6.24 Bom divórcio......114
6.25 Volta após separação......118
6.26 Recasamento......120
6.27 O casal atual......121
7. Ninho vazio: entre a frustração e o desafio......123
8. Melhoria na qualidade da relação......129
   8.1 Manejo dos problemas......130
   8.2 Prevenção dos problemas......131
   8.3 Fuga do que já sabe que não resolve......132
   8.4 Pré e pós-briga......134
   8.5 Brigas produtivas......136
   8.6 Aumento da união......137
   8.7 Vacinas contra a rotina......138
   8.8 "Jogo do sem fim"......140
   8.9 Desejo de justiça......142
   8.10 Boa intenção X Coisas que não se devem dizer......142
   8.11 Um bom contrato......144
   8.12 Bom humor......144
   8.13 Capacidade de perdão......145
   8.14 Respeito à autonomia do outro......146
   8.15 Abraço......146
   8.16 Prova de amor......147
   8.17 Distorção entre o que faz e o que gostaria para si...148

Conclusão......151
Referências......153
Obras consultadas......155

Introdução

Os casais mudaram...

Quando comecei a trabalhar com terapia de casal, os casais buscavam terapia só quando a situação já estava insuportável. Na maioria das vezes, a razão da terapia era a busca de um ringue para as suas rotineiras e graves brigas ou de um auxílio para realizar a separação. O terapeuta era eleito como o juiz que iria dizer quem estava certo ou como o mágico que conseguiria fazer com que o outro mudasse e aceitasse as demandas desse.

Muitas coisas se alteraram nesses 30 anos. No social, no legal, no contexto e no interior das relações. Uma das modificações importantes é ligada às mudanças na compreensão do que é um casal e de quais são as razões para se estar junto.

Hoje, podemos dizer que um casal é um par que tem uma relação afetiva, que tem intimidade e relacionamento sexual, que tem projetos em comum. Podem morar juntos ou não, ser do mesmo ou de diferentes sexos, ter prole ou optar por não serem pais, entre outras características peculiares.

Estar junto passou a ser uma escolha objetiva. As coerções e obrigações familiares e sociais flexibilizaram-se, e os parceiros sentem-se mais livres para avaliar a utilidade e a funcionalidade da sua união; olhando com mais discernimento para a relação, percebem se lhes traz crescimento, prazer e desenvolvimento.

Então, a busca pela terapia de casal foi deixando de ser uma busca pelo juiz ou mágico e passou a ser uma busca para melhorar a qualidade da relação e, assim, melhorar a qualidade de vida de cada um dos parceiros.

Nos últimos anos, no trabalho e na compreensão de casais, desenvolveu-se uma abordagem baseada no crescimento e no desenvolvimento. A proposta é: "Vamos acrescentar o que vocês precisam para viver bem; vamos trabalhar com o que vocês, individualmente e como casal, precisam aprender para tornar sua vida mais funcional, mais prazerosa". Abandonou-se a ideia do "correto", da "doença", dos "culpados", para se buscar algo que pode melhorar a qualidade de vida para cada casal, especificamente.

O objetivo do meu trabalho com casais, e também desse livro, é dar dados e informações para que os casais possam enxergar e ter clareza do seu padrão de funcionamento, do padrão de funcionamento do parceiro e do seu padrão conjunto como casal. A partir de tal compreensão, eles poderão ter mais controle sobre suas dificuldades e poderão usar o parceiro e a relação como fonte de crescimento, aprimoramento e desenvolvimento. Dessa forma, melhorarão sua qualidade de vida e a das pessoas que estão diretamente ligadas a eles.

É um livro para aquelas pessoas que querem melhorar e sabem que podem usar a relação e as dificuldades para isso. É para os casais que não acreditam mais no Nirvana, mas sabem que, se fizerem um esforço contínuo, podem ter uma relação cada vez mais prazerosa, mais rica e profunda.

O Casal Nosso de Cada Dia apresenta minhas ideias sobre casais e processos de casal. Alguns itens eu aprendi com a vivência[1], outros com os clientes, outros nos livros, outros com colegas. Os aspectos selecionados para discorrer aqui são os que vejo como mais importantes e úteis para facilitar o processo de percepção e reflexão para os casais.

Na proposta de **melhorar a qualidade da relação**, apresento algumas ideias que podem facilitar o treino diário para crescer e ter uma vida mais plena. Trabalhar, pessoal e profissionalmente, com esse foco tem sido, é e será uma das razões do meu trabalho, dos meus esforços e de toda a minha caminhada.

➲ Vá ao 6.1.

---

[1] Ao longo do texto, conto algumas histórias, relacionando fatos ocorridos, com o intuito de ilustrar os aspectos de reflexão propostos.

1. Espaço de/do casal

Quando duas pessoas decidem se casar, elas estão estabelecendo que formarão um novo sistema, com regras, funcionamento e definições específicas. Não importa se é um casamento legal ou só vão viver juntos; não importa se viverão em casas separadas ou dividirão o mesmo teto; não importa se pretendem que seja para sempre ou só pretendem ser "companheiros de trecho"; não importa se os dois estão querendo e envolvidos na mesma intensidade ou um quer e precisa mais que o outro. O nível de consciência que eles têm desse novo sistema também pode variar: do mínimo até um perfeito discernimento do que estão realizando. Independente de todos esses aspectos, é um espaço que está sendo criado.

É um espaço do casal no sentido em que é só deles. Mesmo que haja pessoas próximas, existe uma definição de que há uma ligação, uma energia que envolve só o casal. Quando ocorrem invasões e interferências, elas influenciam a relação, o mundo dos dois.

É um espaço de casal no sentido em que possibilita vivências, aprendizagens, experiências que só são possíveis numa relação de intimidade, de sexualidade, de par e parceria.

Outro aspecto importante é o ligado ao espaço de crescimento que a relação permite. Dois parceiros nunca correspondem, nem satisfazem completamente um ao outro. Cada um deles construirá a realidade de modo diferente, compreendendo os fatos, vendo as situações, avaliando com olhos diferentes. A compatibilidade entre essas construções individuais será determinante para a qualidade e a possibilidade da relação. Visões de mundo muito diferentes podem inviabilizar a construção de projetos comuns; por outro lado, podem ser um convite à integração, à diversificação e às aprendizagens.

As tensões resultantes de opiniões diferentes podem dar sabor ao relacionamento e fazer com que a história de uma relação seja aventurosa, incomparável, única. Porém, muitas das potencialidades evolutivas individuais não podem ser realizadas numa relação a dois. Cada um vai evoluir em um domínio tolerado pelo outro. O casal tem, então, o desafio de estar sempre negociando entre si e lutando junto. Encontrar saídas exige um ato de criatividade. Uma relação amorosa e criativa sobrevive aos momentos em que os indivíduos estão tentando fazer movimentos sozinhos, além de dar garantias para que cada um vá adiante nas suas aprendizagens, sem que rompa a relação. Afastar-se e depois se reaproximar implica riscos, mas também torna viva a relação.

O conceito de **casal útil**[2] propõe avaliar a relação de casal; ele propicia ver se ela está sendo de utilidade para o desenvolvimento psíquico dos envolvidos e se os padrões da relação estão possibilitando a evolução dos dois indivíduos.

O conceito de **casal terapeuta do indivíduo**[3] propicia compreender que uma relação de casal pode representar, para os dois que a compõem, a forma mais eficaz de psicoterapia e de oportunidade de evolução individual. A estrutura da relação do casal permite e possibilita dar continuidade ao

---

[2] ANDOLFI, M.; SACCU, C.; SACCU, C. A. O casal em crise. São Paulo: Summus, 1995. p. 58-66.
[3] Ibid., p. 120-132.

processo de crescimento individual iniciado nas famílias de origem.

Esses dois conceitos permitem focar a relação como um espaço de desenvolvimento das potencialidades pessoais. As dificuldades são vistas como uma possibilidade de trazer à luz os pontos pessoais que precisam ser burilados.

Compreender e viver essas possibilidades implica saber que é preciso promover a compreensão, a compaixão e o amor entre o casal, neutralizando a força destrutiva ligada ao medo: sejam os medos de se entregar, de ser invadido, de ser mal compreendido ou mal interpretado, sejam medos conscientes ou inconscientes. Portanto, é possível canalizar, construtivamente, a energia que foi usada nos medos, nas defesas, nas prevenções, de modo a promover estima e intimidade.

➲ Vá ao 8.14.

2. Comunicação

No mundo moderno e globalizado, cada vez mais se enfatiza a importância da comunicação. Fala-se tanto em comunicação, que existe o risco de acabarmos não sabendo bem do que estamos falando e o que significa a comunicação num relacionamento conjugal.

Dependendo das teorias de comunicação a que nos referirmos, comunicação é um processo de dar e receber informação; é um processo verbal e não verbal de fazer solicitações ao receptor; é um processo de interação; é o veículo das manifestações observáveis da relação; entre muitas outras definições. Seja qual for a definição, não há dúvida de que uma das questões mais difíceis e mais importantes na relação de um casal é a comunicação.

A falta de conversa entre o casal pode ser o resultado da falta de tempo, da agitação da vida moderna, das diferenças entre as naturezas do homem e da mulher, do egoísmo e da ausência de uma educação adequada. Com todas essas questões atrapalhando ou interferindo, é ainda mais necessário cuidar da comunicação do casal.

Cada ser humano tem um mundo próprio, com sentimentos, pensamentos, sensações, desejos e necessidades. Cada um dos elementos do casal estará sempre ocupado e preocupado com todas essas questões, centrando nelas seus pensamentos, suas ideias, sua imaginação, suas reações. Se o casal não aprender a comunicar-se, a trocar informações, a mostrar seu próprio mundo, pode se tornar dois desconhecidos: duas pessoas que vivem no mesmo espaço, que dividem compromissos e obrigações, mas são completamente incógnitos um ao outro.

Como terapeuta, verifiquei que, quanto mais velada e indiretamente as pessoas comunicam-se, maior é sua tendência de se mostrarem disfuncionais. A alma do relacionamento de um casal é cada um dizer o que precisa dizer e sentir que foi compreendido. A dificuldade em se fazer compreender ou em ser compreendido leva os casais a desenvolverem defesas para não sofrerem e, assim, vão diminuindo a conversa, especializando-se em queixas e explicações sobre o motivo pelo qual não falam; dessa forma, a comunicação vai piorando ou deixando de acontecer.

Uma das defesas mais destruidoras de uma comunicação funcional é a desqualificação das mensagens do outro[4]. Para desqualificar mensagens, usa-se um arsenal infindável de técnicas. Entre elas, estão as citadas a seguir.

- Jogar com as palavras – A esposa estava atarefada, imprimindo um material urgente, e a tinta da impressora acabou. O marido chegou nesse momento, e ela lhe pediu: "Você pode trocar o cartucho para mim?" Prontamente, ele respondeu: "Troco sim; em quem você pretende atirar hoje?"
- Modificar o significado na forma de falar – "Ter carma é carma (dando o significado de Kharma)" – ou usar palavras diversas, forçando falar de forma tosca, caipira ou com sotaques.
- Negar com gestos aquilo que afirma verbalmente – Diante da queixa da esposa: "Se ele me amasse, não

---

[4] WATZLAWICK, P.; HELMICK, J.; JACKSON, D. D. **Pragmática da comunicação humana**. São Paulo: Cultrix, 1981. p. 69-72.

faria coisas que eu não gosto, as quais ele conhece.", o marido defendia-se, dizendo: "Eu não faço o que você não gosta!", ao mesmo tempo em que dava beliscões no braço dela. Essa era uma das coisas de que ela não gostava.

- Invalidar sua própria comunicação ou a do outro – "Você tem razão, se eu falasse que você não cozinha bem, estaria dizendo uma verdade que não devo dizer. Então, não vou dizer."
- Dar declarações contraditórias – "Eu não quero contrariá-la, mas não tem como você saber o que estou fazendo."
- Ser incoerente – A esposa chegou atrasada e falou: "Tive uma série de problemas e não pude sair no horário; estou querendo lhe contar o que aconteceu." O marido disse: "É, problemas são problemas, o que seria da humanidade se não tivesse problemas?!"
- Mudar bruscamente de assunto – Um casal discutia sobre o relacionamento e estava falando sobre a dificuldade dela em combinar com ele antes de fazer gastos extras. No momento em que resolviam como lidar com a questão, ela falou: "Não tem nada a ver, mas lembrei agora: você viu o e-mail que lhe enviei com a letra daquela música muito legal, da qual lhe falei no outro dia?"
- Dizer frases incompletas – Isso deixa o interlocutor "pendurado", aguardando o que vai acontecer, mas nada acontece.
- Interpretar de forma errônea – O casal estava junto na sala, cada um lendo um livro. Tocou a campainha, ela olhou pela janela, foi abrir a porta e saiu. Voltou com uma carta para ele e disse: "Para você. Era o carteiro". Ele pegou a carta, nem olhou e perguntou: "O que

você estava esperando que o carteiro lhe trouxesse para sair correndo desse jeito?" Ela explicou: "Saí rápido, antes que o cachorro viesse e assustasse o carteiro." E ele: "Aquele jeito de correr e sua preocupação, não sei não se eram pelo cachorro..."

- Falar usando um estilo obscuro ou pedante – Ao contar sobre uma das razões para não querer continuar o namoro com uma moça muito interessante, um rapaz disse: "Ela era legal em várias coisas, mas eu não suportava uma delas: se nós estávamos discutindo e ela não tinha mais saída, a não ser admitir seu erro ou sua confusão, passava a falar na segunda pessoa do plural: 'Certamente, meu ilustre senhor, vós teríeis que me explicar vossa teoria sobre isso; afinal, sois muito letrado e instruído nesse assunto'."

- Usar linguagem técnica – Em uma aula sobre comunicação, os alunos listaram vários exemplos de conversas em que as palavras, termos técnicos ou jargões profissionais serviriam para atrapalhar a clareza de uma comunicação. Eis alguns exemplos: "Data vênia, isso não diz respeito ao mérito dos nossos quesitos."; "Se o que você me diz não é um exemplo das suas questões reprimidas ou recalcadas, certamente deverão ser ligadas ao seu Complexo de Édipo não bem resolvido e respondem pelas questões que você mantém inconscientes e sem possibilidade de elaboração."; "Esta sua colocação faz com que eu me sinta como a raiz quadrada de dois."

- Fazer interpretações literais de metáforas ou interpretações metafóricas de comentários literais – A moça chegou e disse: "Vim correndo para não chegar atrasada". Ele, que sabia que ela viera apressada, mas andando, respondeu: "Cuidado, querida, seu médico já lhe disse para não correr de salto; suas varizes não vão suportar!"

Este é um dos axiomas básicos da comunicação humana: é impossível não comunicar. Isso significa que, numa interação humana, todo comportamento tem valor de mensagem, ou seja, é comunicação. Portanto, por mais que um indivíduo se esforce em fazer o contrário, estará comunicando. Atividade ou inatividade, palavras ou silêncio, tudo possui um valor de mensagem; tudo influencia os outros que, por sua vez, não podem deixar de responder a essas comunicações, seja com palavras ou não palavras, seja com atitudes, posturas ou olhares. Numa relação de casal, a comunicação é ininterrupta e intensa. Entretanto, se o casal não aprender a conversar sobre a sua comunicação, os sentimentos vão ficando embutidos e geram uma série de comunicações não verbais. No desenrolar desse processo, tudo passa a ser comunicado de outras formas que não pelo verbal; assim, o casal vai se distanciando e perdendo a capacidade de clarear o que está sentindo, pensando e querendo dizer.

A capacidade de comunicar explicitamente os seus desejos, sentimentos e pensamentos é uma das condições para uma comunicação bem sucedida e está intimamente ligada à possibilidade de tomada de consciência de si mesmo e dos outros. As raízes da dificuldade ou facilidade em tomar consciência de suas dificuldades para se comunicar estão fincadas no passado: no padrão comunicacional que o sujeito viveu e aprendeu na sua família de origem. Um rapaz que decidiu melhorar sua comunicação na relação com a namorada tinha muita dificuldade em enxergar suas falhas de expressão. Quando avaliou o padrão de comunicação que aprendeu com seus pais e irmãos, ficou chocado ao verificar que não tinha registro de que alguém da sua família tivesse assumido sua dificuldade em expressar-se. Sempre se defendiam, dizendo que o outro não ouvia bem, não prestava atenção ou não estava querendo entender. Disso ele lembrava bem, teria inúmeros exemplos a dar.

Uma das grandes dificuldades na comunicação e nos relacionamentos é a certeza dos participantes de que a sua forma de qualificar os eventos da comunicação é a correta.[5] Para um observador, uma série de comunicações pode ser vista como uma sequência ininterrupta de trocas. Contudo, os participantes na interação introduzem sempre uma pontuação diferenciada na sequência de eventos, isso é, cada um vê como importantes para si ações e falas que passam despercebidas para o outro. Isso traz muitos problemas; como os estudiosos da comunicação dizem, cada indivíduo que está na comunicação dá valor diferente a cada uma das sequências. Se eles não conversarem sobre a diferença de valor que dão a cada item que foi dito ou comunicado de forma não verbal, ficarão numa guerra sem fim, brigando e vendo a situação só sob seu ponto de vista. De acordo com o pensamento sistêmico, não existe comunicação boa ou má, pontuação correta ou não; o que importa é saber identificar as diversidades de pontuação e poder conversar sobre as diferenças ao invés de brigar cada um pela sua verdade.

Para um relacionamento vivo e funcional, os parceiros necessitam manter certos tipos de diálogos, que devem ser constantes, e englobar os ângulos mais importantes da relação. Eles precisam ser capazes de:

- falar a respeito de suas aflições e receios (especialmente os concernentes ao relacionamento);

---

[5] WATZLAWICK, P.; HELMICK, J.; JACKSON, D. D. **Pragmática da comunicação humana**. São Paulo: Cultrix, 1981. p. 84-86.

- conversar sobre seus desejos e fantasias (particularmente os que dizem respeito ao relacionamento) e sobre como tais desejos e fantasias vêm sendo frustrados;
- falar sobre sua hesitação em expressar insatisfações por receio de magoar ou aborrecer o outro;
- falar sobre como, de vez em quando, acabam por explodir e expressar estas insatisfações rispidamente;
- conversar e discutir, mas também poder ouvir o que o outro tem a dizer sobre tudo isso.

Algumas compulsões comunicacionais ocorrem com a maioria dos casais. Uma delas é o hábito de dar conselhos ou tentar tranquilizar o parceiro quando ele só quer contar como se sente, o que aconteceu, como está vendo ou vivendo determinada situação. Muitos sentimentos de rejeição e desamor podem ser evitados se cada um se preocupar em ouvir, só ouvir, o que o outro está lhe contanto. O exercício de ouvir, procurando compreender os sentimentos de quem está falando, olhando a situação sob o ângulo que o outro está relatando, é mais útil do que se apressar em dar soluções, criticar, mostrar os enganos ou minimizar as dificuldades e preocupações.

Outra compulsão comum é falar sobre o outro ao invés de falar sobre si mesmo. As afirmações sobre o que o outro fez ou pensa são uma avaliação externa do que aconteceu. As colocações sobre o que a pessoa mesma sente ou pensa são uma comunicação da sua realidade para que o parceiro saiba o que seus comportamentos ou palavras desencadeiam. Por exemplo, dizer: "Fiquei magoada porque você não chegou na hora combinada para irmos ao supermercado." é mais útil do que dizer: "Você é completamente irresponsável, só pensa em si mesmo e nunca chega na hora".

Dizer "sempre" ou "nunca" numa discussão, quando se está acusando o outro ou reclamando do seu comportamento, é uma das formas de desqualificar sua comunicação. Ao invés de desenvolver um diálogo sobre a responsabilidade de cada um nos eventos, dá álibis para o outro não se prender aos fatos e mostrar que "sempre" ou "nunca" são irreais. O marido de uma cliente minha contou que, quando ouvia "sempre" e "nunca" durante uma briga, deixava de prestar atenção ao que ela dizia e ficava preso em achar uma brecha na discussão para atacar com a arma invencível de que ela não tinha razão no que falava, pois provava que os fatos não aconteciam "sempre" ou "nunca". Com isso, sentia que ganhava todas as disputas, pois ela não tinha como contra-argumentar.

Outro hábito que dificulta a comunicação é o de interromper o parceiro que está falando. Já ouvi muitas pessoas justificarem a interrupção com a desculpa de que: já sabia o que o outro ia falar, o que outro falava não era correto, não era real, ele precisava saber a sua opinião. Essas explicações não evitam o mal estar da interrupção e passam a mensagem de que o outro não deveria falar isso ou assim e o que ele fala e sente não é importante. Quando alguém fala, está compartilhando sua visão do mundo, sua forma de sentir o que acontece, além do conteúdo da informação. Treinar frear o impulso de interromper a fala do parceiro pode levar a pessoa a descobrir novas facetas do outro e conhecer ângulos diferentes da realidade.

"Ler a mente" do outro, ou seja, especular sobre o que o parceiro está sentindo, pensando ou tentando fazer, é um dos maus hábitos que atrapalham a comunicação e a relação. Por exemplo, dizer: "Você está tentando fazer com que eu me sinta culpado." ou "Eu sei, você está pensando que eu não deveria..." dificulta ao outro colocar com clareza suas ideias e sentimentos.

O problema maior é que esses hábitos comunicacionais são muito poderosos. Eles arrasam o parceiro e colocam-no na defensiva, impossibilitando que ouça realmente o que o outro tem a dizer. Ao mesmo tempo, não são suficientemente poderosos, pois não mostram o que a pessoa realmente quer dizer. "Eu não sei o que ele pensa de verdade; quando começamos a discutir, eu fico tão preocupada em dizer o que preciso, que não ouço direito o que ele diz. Acabo me perdendo no meio da discussão; com tanta preocupação em me defender, confundo o que seria importante dizer". Tal constatação, com tanta sinceridade, foi feita por uma mulher ao buscar ajuda para melhorar sua forma de discutir e conversar. Ela só tomou essa decisão após seu companheiro ter dito que não suportaria mais esse padrão de conversas e iria embora.

A qualidade da comunicação depende do treino dos envolvidos para dizer de forma clara o que querem e precisam comunicar ao outro. Também depende do seu exercício em escutar com lucidez o que o outro está dizendo. Depende, ainda, do desenvolvimento de **boa intenção, paciência** e **amorosidade** para com seus parceiros. A comunicação amorosa exige humildade e generosidade.

Muitas vezes, para os casais que atendo, conto uma historinha que li numa revista quando minha filha era criança. Era sobre Verdade X Bondade X Necessidade. O texto contava que, para ser uma pessoa de bem, era necessário cuidar do que se falava. O controle do que se falava era simbolizado metaforicamente por três peneiras, nas quais seria peneirado o que se pretendia dizer. A primeira peneira era a da Verdade, na qual só passariam as palavras cuja verdade o sujeito tivesse como provar. A segunda peneira era a da Bondade, em que só passariam as palavras com a intenção e o efeito de levar boas coisas para quem recebesse ou de quem se falasse. A terceira peneira era a da Necessidade, na qual só passariam os conteúdos que tivessem real exigência de serem ditos. Então, o que passasse pelas três peneiras poderia ser falado sem preocupação ou risco.

Na relação de casal, se for usada essa metáfora, muitas das agressões e brigas poderão ser evitadas. Muitas vezes, usei essa metáfora para que os casais tomassem consciência do quanto falavam, do efeito das suas palavras, da falta de gentileza ou cuidado que tinham ao dizer o que lhes incomodava ou desejavam.

➲ Vá ao 8.10.

3. Sexo e relacionamento

Uma boa vida sexual não é garantia de que o casal não terá problemas em outras áreas; entretanto, pode ajudar os casais a resolverem melhor todos os tipos de problemas familiares ou conjugais que surgirem no seu dia a dia. Se a vida sexual não é boa, faltará uma conexão que ajude os casais a se manterem juntos nas adversidades.

As dificuldades sexuais não devem ser ignoradas ou menosprezadas. A sexualidade pode realimentar o casamento, pois o sexo é uma forma de expressão afetiva, e o carinho, a compreensão e a admiração podem também realimentar a sexualidade. Quando os membros do casal partilham ideias, são compreensivos e gentis no dia a dia, têm ideais em comum e fazem coisas juntos, ir para a cama é fácil e estimulante. Se a rotina conjugal é de discussões, desqualificações, cenas de ciúme, desconfiança, o sexo pode continuar acontecendo, mas como um compromisso ou uma descarga biológica para aliviar a tensão. Nesse caso, sem dúvida, surgirão dificuldades, problemas e sintomas sexuais.

Concordo com o ponto de vista segundo o qual a relação humana, como um todo, precede à sexualidade. As pessoas são movidas pelo instinto de relação, e a sexualidade é um dos instrumentos relacionais. Portanto, os distúrbios sexuais são a parte que aparece das dificuldades e distúrbios relacionais. O problema sexual pertence a uma dificuldade relacional maior que se manifesta, circunstancialmente, como sexual.

O impulso sexual atrai as pessoas, mas as questões e dificuldades relacionais afastam-nas. Tais dificuldades podem ser, e na maioria dos casos são, dificuldades no entrosamento do casal. No entanto, elas podem ser pioradas pelas dificuldades pessoais individuais e que são reativadas pelos comportamentos do parceiro.

Uma moça tomou consciência de que suas dificuldades sexuais com o namorado eram desencadeadas pela forma como ele a tocava nos seios quando iniciavam um momento de intimidade. Ela sentia que era um toque seco, sem carinho, direto demais. Lembrou que, desde pequena, ouvia sua mãe queixar-se da forma como o marido a tocava. Muitas vezes, ouvira a mãe dizer: "Parece que ele está pegando uma boneca de borracha, que pode apertar, pegar e dobrar sem preocupação e cuidado". Aos poucos, foi relacionando as mensagens que sua mãe lhe passara. "Homem só quer se aproveitar."; "Mulher que é mulher não deveria se entregar na mão de homem."; "Se falar que não gosta, que não é bom, o homem vai embora ou agride." e muitas outras definições de homem e de relacionamento íntimo que estavam arraigados no seu subconsciente e que não a estavam ajudando.

Se um casal tem dificuldades sexuais e está disposto a lidar honestamente com a questão, chegará inevitavelmente às dificuldades da relação. Então, o conteúdo sexual mostrará, metaforicamente, o que está acontecendo na relação e que, por não ser expresso diretamente, transformou-se em sintoma sexual. Por exemplo: a falta de respeito pelas características do parceiro pode aparecer como falta de interesse sexual; a mágoa pela desqualificação que recebe pode se mostrar através de ejaculação precoce ou falta de prazer sexual; a falta de diálogo pode aparecer como desacerto e desajuste na hora do sexo.

Sabendo que a relação sexual significa o contato físico mais íntimo entre duas pessoas, pode-se compreender o potencial simbólico que ela contém. Essa intimidade faz surgir eventuais conflitos e dificuldades existentes em um dos parceiros, no outro ou na relação dos dois. Muitos sentimentos não expressos no dia a dia vão para a cama como sintoma sexual. O ressentimento é um dos grandes responsáveis pelas dificuldades relacionais que acabam se transformando em dificuldade sexual. Casais que não discutem e não negociam abertamente suas diferenças, e ainda têm como padrão "pôr panos quentes nos assuntos conflitantes", "colocá-los embaixo do tapete", "empurrá-los com a barriga", vão armazenando mágoas e ressentimentos que podem virar desejo de vingança. Tal desejo pode aparecer como ejaculação precoce, dificuldades de ereção, vaginismo, dificuldade de orgasmo, falta de desejo sexual, passividade. Esse processo acontece em surdina e, na maioria das vezes, sem um mínimo de consciência da pessoa envolvida. Algumas vezes, um dos parceiros tem ideia do que está acontecendo, e o outro não tem a mínima pista; às vezes, os dois percebem, mas não dão importância (assim como fazem no dia a dia).

Frustrar o cônjuge ou apontar as falhas do parceiro através de relações sexuais fracassadas pode ser um bom plano de vingança. Na maioria das vezes, vem acompanhado de álibis protetores e poderosos, sem que se tenha consciência dessa armação.

A questão mais séria dessa situação é que pode se transformar numa "bola de neve": quanto mais sintomas, mais dificuldades relacionais; estas, por sua vez, acarretarão mais dificuldades sexuais, que trarão mais desencontros e desacertos, que aumentarão as mágoas e a solidão.

➲ Vá ao 6.15.

4. Diferenças e diferentes

Quando falo em diferenças, enfocando o casal, dois ângulos me vêm à mente: as diferenças entre homem e mulher e as diferenças inevitáveis de pessoa para pessoa.

Entre homem e mulher, a questão fundamental é simples: homens e mulheres são diferentes. Nem melhores, nem piores – apenas diferentes.

O relacionamento corre o risco de ficar difícil quando um homem e uma mulher não reconhecem que são biologicamente diferentes, têm formas diferentes de lidar com algumas questões e cada um quer que o outro atenda suas expectativas.

Compreender que são gêneros diferentes leva as pessoas a terem desejo de conhecer o outro funcionamento, sem incorrer em piadas e pensamentos simplistas que, ao invés de ajudarem, agridem e distanciam as pessoas.

Ouvi uma pessoa colocar diferenças básicas entre homem e mulher: a mulher percebe claramente quando a outra pessoa está aborrecida ou magoada, e o homem só desconfia que há algo de errado depois de lágrimas, acessos de fúria ou tapas na cara; o homem fala sozinho, e a mulher pensa alto; o homem sente-se estimulado pelo que vê, e a mulher pelo que ouve.

Essas são algumas das diferenças, mas poderíamos fazer uma lista imensa que englobasse as diferenças de funcionamento, de reações, de valores, de tempos, de movimentos, de expectativas e mais uma infinidade de itens. O mais importante, porém, não é o tamanho ou a quantidade das diferenças, e sim a forma como o casal lida com tais diferenças. Se os parceiros puderem se complementar nas diferenças, ao invés de competir, poderão enriquecer o relacionamento com as diversidades.

A forma como lidam com essa questão está enraizada em cada um deles e depende, em grande parte, da formação que tiveram na infância, das informações que receberam e do exemplo do que viram com seus pais.

Uma forma equivocada de criar filhos, que tenho visto nos últimos tempos, é a criação de meninos e meninas de modo idêntico, ensinando que são iguais e têm as mesmas capacidades. Eles crescem sem a consciência de que cada ser humano é único e deve ser objeto de uma descoberta permanente de suas potencialidades e potências, femininas e masculinas. Também não aprendem que há diferenças determinadas por questões biológicas, estruturando homens e mulheres em formas de ser muito distintas.

Insistir na uniformidade sexual não é funcional porque exige o mesmo comportamento de pessoas com possibilidades biológicas, físicas e psicológicas diferentes. Ao entender a origem dessas diferenças, fica mais fácil conviver, administrar, apreciar e até gostar das diferenças entre os sexos. Prever os conflitos que as diferenças podem causar, quando se evidenciam, ajuda a prevenir e resolver.

Compreender que existem diferenças entre homens e mulheres ajuda a conhecer bem o que os separa e o que os pode unir. Não ignorar as diferenças e aprender a lidar construtivamente com elas ajuda a entender os contrastes entre os sexos, bem como desfrutar deles.

Quanto às diferenças entre pessoas, uso o termo "diferença" com a intenção de abranger a área da individualidade e indicar como cada pessoa é, por natureza, diferente de qualquer outra. É necessário ver o que separa e trabalhar sobre essas diferenças, para poder alcançar uma relação mais completa com o outro ser.

Ao perceber a existência da diferença, as pessoas podem usar essa informação como algo útil, uma oportunidade de enriquecimento, ou usá-la como competição ou outra forma destrutiva.

Um dos impasses relacionais mais difíceis de se resolver é o que surge das diferenças nas cronologias da vida pessoal. Cada indivíduo tem sua história pessoal, experiências, aprendizagens, vivências que sua história e suas relações lhe proporcionaram. Quando duas pessoas se unem, essa disparidade de vivências pode ser um enriquecedor para a relação e para os dois envolvidos ou pode ser uma pauta de competição para provar que suas experiências são mais importantes do que as do outro. Muitas vezes, existem diferenças enormes entre os dois, mas a forma de usar essa diversidade é que vai definir se eles vão fazer um bom ou um mau uso disso.

Um casal que atendi na preparação para adotar um bebê tinha uma forma muito funcional de lidar com as diferenças da vida de cada um. Eles haviam tido experiências diversas antes de se conhecerem, em função de condições sociais e econômicas muito diferentes e pelo fato de ele ser 15 anos mais velho que ela. Cada vez que surgiam essas diferenças, eles avaliavam se eram questões que poderiam enriquecer a pessoa ou a relação; caso fosse, um ensinaria e contaria tudo que sabia ou tudo que viveu sobre aquela questão. Após um tempo, voltavam a conversar para avaliar se havia feito alguma diferença para a pessoa que recebera a informação. Quando fiz alguns questionamentos sobre como isso funcionava, eles disseram que não sabiam muito bem para que tudo isso servia; porém, com essa estratégia, tinham clareza que evitavam brigas inúteis ou discussões inócuas do tipo "eu sei", "eu vivi", "eu sou mais", "eu sei mais" e outras do gênero.

As diferenças culturais – raça, religião, etnia – sempre existiram; no mundo moderno, entretanto, a circulação aumentou muito, a migração de um país para o outro ficou mais fácil, as pessoas ousam cada vez mais atravessar os limites, aventurando-se em novas formas de casamento. Isso tem resultado em um imediato enriquecimento dos casais cujos modelos de interação diários são regidos por crenças culturais diferentes e até contrárias entre si. Cada um dos parceiros tem diferentes interpretações, símbolos e rituais para lidar com os eventos da vida a dois.

Lidar e aprender com essas diferenças é de importância primordial. No entanto, não podemos esquecer que, no caso dos casamentos interculturais, as diferenças – nas crenças em relação ao gênero, no comprometimento, na intimidade, na educação dos filhos, nos valores e nas lealdades familiares – estão enraizadas profundamente em diferentes afinidades e regras. A identidade individual tem origem na família e na cultura; portanto, existe uma intensa teia de emoções e lealdades invisíveis subjacentes às diferenças manifestas.

Ao avaliar o que não dera certo, um casal de jovens que estava encerrando o casamento levantou uma série de dificuldades relacionadas com os valores de suas famílias em assuntos vitais sobre relacionamento e casal, os quais eram opostos ou muito diferentes. Eles eram de famílias muito arraigadas aos seus valores de origem: ele era de uma família libanesa, a dela era italiana. As duas tinham certeza dos seus direitos de intervirem nas decisões, rotinas e escolhas do jovem casal, e suas propostas, muitas vezes, eram opostas no que se referia às questões de uso e autonomia com relação ao dinheiro, momento, razão e forma de ter filhos. Um outro fato agravava a dificuldade do jovem casal: os dois tinham introjetado que pais estão sempre certos, que tudo que eles fazem é para o bem dos filhos e que os filhos não devem se rebelar, mas aceitar a interferência desses e dos mais velhos. Acabaram não tendo outra saída a não ser a separação, mesmo cultivando um afeto verdadeiro e profundo um pelo outro.

Em um processo de adaptação de suas diferenças, todo casal precisa de um tempo para descobrir e definir aquilo de que gosta ou não. A fase anterior à união ou ao casamento é de primordial importância para que o casal avalie se o que os une é importante o suficiente e se as diferenças podem ser elaboradas e trabalhadas, possibilitando crescimento e aprimoramento. Entretanto, é só no dia a dia da vida em comum que tais diferenças vão realmente aparecer.

Encontrei uma antiga cliente, e ela me disse: "Você tinha razão; não são as grandes coisas que acabam com um casamento, são as quinquilharias do dia a dia. Desde que me casei, com meu namorado há cinco anos, a quem eu conhecia bem, tenho comprovado isso todos os dias! O que mais me incomoda são coisas pequenas que ele faz sem perceber ou, mesmo percebendo, não consegue deixar de fazer. São coisas do tipo: erguer as pernas e levantar as cobertas para entrar ar frio quando ele sente calor, gastar minutos preciosos e fora de hora tirando as folhas amarelas das folhagens, ensopar o tapete na saída do chuveiro, querer saber o cardápio da semana apesar de não almoçar em casa, entre outras, grandiosamente insignificantes!"

Um dos equívocos mais frequentes dos casais que estão em fase de namoro e defrontam-se com diferenças importantes é acreditar que, depois que estiverem vivendo juntos, o outro mudará sua forma de ser ou de funcionar. Na realidade, isso não acontecerá só porque casaram, magicamente. Na maioria das vezes, acontece o contrário: para garantir sua identidade, cada um se aferra com mais força ao seu modo pessoal. Assim, iniciam a escalada de mágoas, agressões e ressentimentos.

Um casal em processo de terapia percebeu que, quando eram namorados, havia muitas coisas de que não gostavam ou que não aprovavam no outro. Por exemplo: ela não gostava do jeito que ele comia, nem do tanto que ele bebia nas reuniões com seus amigos de faculdade, nem da teimosia dele em não admitir as invasões de privacidade que a mãe dele fazia. Ele, por sua vez, não suportava a forma como ela sentava no colo de seu pai e o beijava em público, nem a mania que ela tinha de conversar em código com sua mãe na frente dele e de outras pessoas que ficavam "boiando", nem o hábito de deixar para depois tarefas que eram difíceis ou chatas de fazer. Atualmente, os dois admitem: naquela época, tinham certeza de que, assim que casassem e passassem a ter uma vida própria, o outro mudaria ou daria atenção à sua insatisfação com aqueles comportamentos. Porém, isso não aconteceu; ao contrário, aqueles comportamentos pioraram, enrijeceram-se e apareciam com mais intensidade nas horas de crise. Nesse momento, em que estavam seriamente envolvidos na tarefa de salvar o relacionamento, tinham honestidade e humildade para assumir o que haviam feito: sabendo o que não agradava ao companheiro, aferraram-se a tais comportamentos como uma forma de mostrar que não seriam moldados por desejo e satisfação do outro.

Com o casamento, cada um dos membros do casal leva para o novo lar sua cultura de origem, com enunciados e leis próprias. São diferentes pontos de vista oriundos das leis internas aprendidas e assentadas durante os primeiros anos de vida em sua família natal. A consciência desses valores e regras nem sempre é clara para os envolvidos. Para que um casamento se realize como construção de um novo sistema, é necessário confronto e balanceamento da cultura familiar, além de reflexão sobre a bagagem de cada um dos cônjuges. Se o casal conseguir fazer o movimento de avaliação de valores, regras, definições, rotinas que cada um traz, sem competição e desqualificação, poderá integrar as diferenças e semelhanças; com o tempo, formar-se-á uma cultura conjugal, que será diferente das individuais, mas sem excluí-las.

As diferenças que mais incomodam um casal estão ligadas às preferências, desejos, hábitos, gostos pessoais, anseios e opiniões. Ao entrar em contato com as suas diferenças um casal vai concordar ou discordar; então, pode usar várias estratégias para lidar com elas.[6]

Um casal funcional usará essas diferenças para reforçar a união. Ao terem desejos diferentes, os parceiros poderão agir de diferentes formas.

- Procurar persuadir o outro – "Por favor, vamos fazer o que eu desejo?"
- Procurar resolver o problema, contornando-o – "Vamos fazer o que você quer; depois, faremos o que eu quero."
- Procurar encontrar uma alternativa que agrade a ambos – "Vamos fazer outro programa, que agrade a nós dois."
- Levar em consideração dados objetivos de realidade – "Vamos aproveitar que é mais perto e vamos aonde você quer."
- Procurar satisfazer suas diferentes vontades em detrimento de ficarem juntos naquele momento – Separar-se, temporariamente, e encontrar soluções independentes:

[6] SATIR, V. Terapia do grupo familiar. Rio de Janeiro: Francisco Alves, 1977. p. 34-44.

"Cada um vai fazer o que gostaria; depois, nos encontramos e faremos algo juntos."

- Buscar algo ou alguém de fora para tomar a decisão por eles – "Fulano quer ir comer conosco; vamos deixar que ele decida."

Assim, eles vão encontrando jeitos para lidar com as discordâncias, assumindo as diferenças e negociando as soluções explicitamente.

Já num casal disfuncional, os parceiros sentem que as diferenças os afastam e passam a se sentir como estranhos. Eles atuam partindo do princípio de que amor significa harmonia total e em todos os momentos. Ao terem desejos diferentes, eles podem agir da forma descrita a seguir.

- Vacilar e tentar adiar a solução – "Resolveremos mais tarde." Muitas vezes, chegam a adiar para sempre, mas não esquecem e sentem-se mal sempre que lembram.
- Procurar coagir um ao outro – "Vamos fazer o que quero! Se não fizermos, vou fazer algo pior, vou fazer o que você teme ou o que você não gosta". Essa coação pode ser clara e explícita ou velada e dissimulada; de qualquer forma, é poderosa e desorganizadora.
- Procurar iludir um ao outro – "Não é tão importante assim; então, vamos atender ao meu desejo."
- Procurar minar as resistências do outro – "É loucura querer isso. Na verdade, você não deseja isso."
- Acusar o outro por sentirem-se magoados e decepcionados – "Você é ruim e egoísta, nunca faz o que quero; suas intenções com relação a mim são as piores possíveis."
- Fazer avaliações moralistas sobre a questão – "Quando casou comigo, você se propôs a termos uma relação

harmoniosa, a fazer um esforço para sermos felizes, mas não está cumprindo com suas obrigações."

- Procurar encobrir a discordância – "Tudo bem, tudo bem, vamos fazer qualquer coisa, podemos ir a qualquer lugar, tudo estará bem."
- Fazer sintomas para fugir à situação – Algumas vezes, quando não conseguem discordar e negociar suas dificuldades e diferenças, os parceiros usam demandas e acusações veladas. Se isso não funciona, podem apresentar sintomas físicos ou emocionais para resolver a situação, sem precisar lidar abertamente com elas. Podem ser as dores de cabeça, as tonturas, as pressões altas, ou as inabilidades que surgem e definem a situação, evitando que precisem assumir sua postura ou decisão.

Nos casais disfuncionais, cada um espera, internamente, que o outro concorde com ele, caso o ame realmente. Assim, as solicitações, as respostas às solicitações e as acusações vão se tornando veladas, ambíguas e implícitas, e isso cria um círculo vicioso que aumenta as diferenças e dificuldades.

➲ Vá ao 8.12.

5. Indivíduo / Casal / Família

5.1 Tipos de casais

Na clínica ou no dia a dia, vemos que existem alguns padrões de funcionamento de casais que se repetem, formando o que poderíamos chamar de tipos específicos de casais. Essas tipologias são explicadas e justificadas pelas teorias psicológicas e de desenvolvimento da personalidade. Segundo essas compreensões, os indivíduos passam pelas fases de desenvolvimento de uma forma melhor ou pior. Isso significa que as necessidades básicas de cada uma das fases podem ser supridas, frustradas ou reprimidas. **Suprida** – significa que o sujeito recebe estímulos e satisfação das suas necessidades de forma que não fica com marcas ou comportamentos dessa fase. **Frustrada** – significa que o indivíduo recebe muito pouco do que precisa, ou em excesso, o que deixa marcas ou comportamentos com as características dessa fase. **Reprimida** – significa que, além de não receber o que necessita, o sujeito tem abafado o impulso para buscar o atendimento das suas necessidades, chegando a não ter consciência ou não perceber a força do impulso.

De acordo com essas teorias, cada indivíduo, em função da sua história relacional primária e da forma como passou por suas etapas de desenvolvimento, fica com comportamentos e carências relativas às fases.

Ao escolher parceiros, o indivíduo procura alguém que, de uma forma ou outra, também esteja preso à mesma fase em que ele está, com carências e comportamentos semelhantes. É comum que a aparência seja distinta, mas o sentimento e a situação que movem sejam semelhantes.

Por terem o mesmo anseio básico, os elementos do casal acabam estruturando um padrão de funcionamento que, por ser definido por suas carências antigas, organiza-se de forma inconsciente e rígida. Assim, chega-se à gênese dos **tipos de casais**.

Como terapeuta, também uso essa definição de tipos de casais para que o casal tenha mais facilidade em perceber seu funcionamento e possa ter mais consciência e controle sobre ele. Sua utilidade aparece quando existe a decisão do casal em se instrumentar para melhorar a qualidade da relação.

Para facilitar essa identificação, enuncio os tipos de casais de acordo com padrões que se repetem na sua relação. Um casal real pode se aproximar de um ou de vários desses tipos teóricos. Enquadrar numa tipologia é uma tarefa sempre parcial e só deve ser usada se for numa tarefa de autopercepção e com o objetivo de autoconsciência. As tipologias **só** são uma tentativa de organizar e facilitar.

Casais nos quais cada um existe em função do outro

Descrição – Os dois envolvidos na relação têm pouca ou nenhuma preocupação com sua própria pessoa. O jogo é conjunto, mas um dos parceiros delega ao outro sua existência e desenvolve habilidades para mantê-lo importante. Um deles (A) está o tempo todo preocupado em manter o outro no lugar de sucesso, na luz. Se o outro sair do lugar de ênfase, a pessoa (A) perde sua razão de viver. O outro (B) sente-se valorizado pela admiração do parceiro e pelo esforço que este faz para mantê-lo importante.

Aprendizagem – Esses casais necessitam readquirir a consciência dos seus próprios valores e competências, para correrem o risco de serem diferentes do que o parceiro precisa, de fazerem atos sem o conhecimento ou sem a tolerância do parceiro. É importante que cada um deles se aposse de suas características de identidade. Ao adquirir a consciência do que lhe é individual, cada um vai poder agir por si só, e os dois buscarão aplauso e admiração. Devem, também, recontratar a relação com base nessas mudanças individuais, estabelecendo novas regras e novos pontos de relação.

Casais que só querem cuidar e desejam ser cuidados

Descrição – Para eles, o amor é definido em termos de fornecer cuidados e atenção. Têm um padrão de relação no qual um deles (A) repete comportamentos que pedem cuidados maternais, preocupação e continente; sente-se amado pelo tanto de cuidados e atenção que recebe do parceiro. O outro (B) se realiza sendo uma espécie de "mãe cuidadosa" com a tarefa de cuidar, salvar e preocupar-se com o bem estar do parceiro. A questão desencadeia crises, pois aquele que está sendo cuidado (A) deseja mais cuidados e fica atacado pela dúvida: o outro (B) vai continuar cuidando dele ou poderá abandoná-lo quando menos esperar? Para aplacar sua dúvida, (A) ficará cada vez mais exigente e cobrador, submetendo o outro (B) a provas de amor e carinho. O parceiro (B), por sua vez, não conseguirá convencê-lo do afeto, o que dará a ele (A) o direito de culpá-lo (B) e de apresentar provas da sua falta de carinho e amor. O outro (B) faz de tudo para manter o parceiro dependente e necessitado da sua ajuda; dessa forma, sente-se valorizado e útil. Desesperadamente, deseja a gratidão do seu par; este, por não lhe ser grato (mas sim carente e desconfiado), aumenta sua raiva, sua frustração, tornando-se um parceiro culpado e exigente de mais agradecimentos.

Aprendizagem – Os dois precisam aprender a ser sua "própria mãe", ou seja, aprenderem a cuidar de si e a suprir suas carências e necessidades. Também precisam aprender a lidar com as frustrações inevitáveis da vida e da relação, sem culparem o outro pelos fatos e carências. Ao mesmo tempo, devem aprender a ter consciência do que lhes faz falta e a buscar, de forma autônoma, aquilo de que necessitam ou que desejam. Assim, irão enriquecer a relação, cuidando cada um de si e um do outro, quando for necessário, de forma amorosa e circular, e não como uma compulsão destrutiva.

Casais que se relacionam pela competição

Descrição – O conflito básico dessa relação é a competição pelo poder. A aparência pode ser diferente em cada um dos parceiros, um mostrando-se como "dominador" e o outro como "dominado"; porém, no fundo, a questão é a mesma: como ganhar o poder na relação. Um deles (A) quer desenvolver a relação, tendo independência e domínio, sem se preocupar com os medos de separação que são expressos pelo parceiro. O outro (B) mantém-se numa posição de dependência e docilidade, que lhe dá segurança contra seus temores de separação e solidão, renunciando aos seus desejos de autonomia e abandonando-se nas mãos do parceiro. A crise acontecerá porque o "dominador" (A) tenderá a exagerar em sua atitude autoritária e a submeter seu parceiro cada vez com mais força. Este (B), por seu lado, desejará desenvolver sua autonomia para se livrar do medo de ser explorado e de ser abandonado. Inicialmente, suporta com aparente docilidade porque descobre que o outro está sob seu domínio ao ser seu dominador; ao mesmo tempo, vai desenvolvendo formas passivas de se negar às pretensões de poder do parceiro. Assim, eles vão desenvolvendo uma guerra surda de desqualificações e ataques.

Aprendizagem – Esses parceiros necessitam aprender a cooperar ao invés de competir. Vale a pena refletiram sobre o jogo de poder nas suas famílias de origem e como foram influenciados por ele. É importante desenvolverem um espaço de discussão em que os dois possam colocar suas ideias e desejos. Precisam aprender a se comunicar de forma funcional e clara, para evitarem os jogos competitivos inseridos nas palavras e gestos.

Casais que lutam entre si para mostrar competência

Descrição – Ambos os parceiros desenvolvem uma disputa pela competência, por ser aquele que sabe fazer, que é capaz. Eles têm uma rivalidade, explícita ou não, pelo papel "ativo", culturalmente chamado de "masculino", dentro do relacionamento. Ao mesmo tempo em que a mulher deseja um parceiro "masculino", ela atrapalha seus movimentos de mostrar sua potência e competência, desqualificando-o e tornando-se acintosamente competente, potente e "masculina". Por seu lado, o homem deseja ser "o homem" dessa mulher, salvá-la, sustentá-la; ao mesmo tempo, tem um medo desorganizador de não consegui-lo, o que lhe tira a energia, o discernimento e o leva a fracassar, exigindo que ela o qualifique e respeite.

Aprendizagem – Os dois devem descobrir suas características "femininas" e "masculinas"; devem aprender a aceitá-las e a negociar novas pautas relacionais, nas quais os privilégios e obrigações do masculino e do feminino sejam distribuídos proporcionalmente entre os dois, sem que essa distribuição se converta em luta pelo prestígio.

Casais que se relacionam para garantir sua existência

Descrição – São muito sensíveis e, por isso, evitam relacionamentos íntimos e afetuosos. Para manterem a existência da relação, abrem mão das suas necessidades. A relação com o outro é uma continuidade da relação consigo; desenvolvem o relacionamento de forma simbiótica. Costumam se fechar às pessoas de fora da relação, vivendo as experiências externas como algo perigoso ou desagradável.

Aprendizagem – A aprendizagem básica é suportar o contato com o outro. Isso se torna possível se lidarem com o medo e a ansiedade. É importante que abram espaço para a espiritualidade e a criatividade que possam exercer em conjunto.

Casais que se relacionam para receber

Descrição – São pessoas que têm dificuldade em "ficar em cima dos próprios pés". São dependentes, como uma forma de receber calor e apoio, buscando-os na família de origem ou em instituições. Têm dificuldades em ficar sozinhos; estão sempre em contato um com o outro e com fontes externas de suprimento. Desenvolvem intimidade para terem calor humano e apoio, buscando energia no outro. Abrem mão da sua independência para terem suas necessidades supridas.

Aprendizagem – Precisam aprender a ser seu próprio continente, individualmente e como casal. Isso significa descobrirem e confessarem suas próprias necessidades, aprendendo a viver de tal maneira que suas necessidades sejam satisfeitas. É importante o treino para confiarem na abundância do Universo, agradecendo o que conseguem. O desenvolvimento de tarefas em que os dois parceiros possam fazer bom uso da sua inteligência num trabalho criativo também pode ajudar muito.

Casais que se relacionam sendo um submisso ao outro

Descrição – São pessoas que têm muita raiva contida, mas a agressão e a autoafirmação ficam reduzidas e são substituídas por queixas e lamentos; as poucas brigas e a relação sexual têm função de descarga para baixar a pressão interna.

Apresentam conduta provocativa, explícita ou implícita, mas com aparente submissão e cordialidade. Elas abrem mão da liberdade para terem proximidade.

Aprendizagem – Precisam aprender a fazer circular e a descarregar a energia e as emoções. Uma das formas de fazer isso é tornando-se mais afirmativos. Expressar a criatividade e abrir-se para a dimensão espiritual facilita a mudança nos seus padrões. Tomando consciência dos sentimentos, poderão expressá-los e não ficarão magoados quando o parceiro os expressar. Eles têm um potencial de alegria e divertimento que também pode auxiliar nas mudanças.

Casais que se relacionam sem se entregarem

Descrição – Eles têm bom potencial relacional, mas têm muita dificuldade de entrega; mantêm o autocontrole nas situações. A passividade e a entrega são vistas como vulnerabilidade. Têm medo de perder a liberdade. Estabelecem relacionamentos razoavelmente íntimos, mas mantêm-se alertas e estabelecem muitas regras de funcionamento do casal. A meiguice e a suavidade das relações amorosas são substituídas pela firmeza e dureza nas colocações.

Aprendizagem – Precisam aprender a flexibilizar, em todos os sentidos. Precisam ter contato com seus sentimentos e permitir que eles fluam e sejam vistos pelo outro, partilhando-os, sejam quais forem. Assim, podem deixar aparecer seu potencial para aventura, paixão e amor. Ao descobrirem suas necessidades e suas potencialidades de suavidade, poderão alterar todo o funcionamento.

Casais que têm a perfeição como foco

Descrição – São pessoas que esperam muito um do outro, ao mesmo tempo em que são muito críticos com o que o outro faz. Têm fantasias de que vão conseguir mudar o que não gostam no outro. Ficam presos no jogo de enxergar as suas próprias falhas antes que o parceiro o faça, criando um padrão de estresse e ansiedade.

Aprendizagem – A grande aprendizagem é relacionar-se de forma leve e otimista. Aprender a perdoar as falhas, suas e do outro, aprender a respeitar o jeito como o outro faz as coisas, ser generoso nos elogios e estímulos.

Casais que têm o cuidar e o servir como foco

Descrição – São motivados pela necessidade de serem amados e de expressarem seus sentimentos positivos em relação ao outro. Isso os torna atenciosos e estimuladores e faz o parceiro sentir-se especial e amado. Ao mesmo tempo, são controladores, possessivos e carentes. Por terem dificuldades em pedir diretamente as coisas, tendem a manipular o outro para conseguirem o que querem.

Aprendizagem – A aprendizagem maior é cada um ser o que é, e não o que o parceiro deseja que seja. Refrear o impulso de ajudar e dar conselhos, esperando que o outro peça, é um dos desafios de aprendizagem desse padrão. Saber que cada um tem o seu próprio caminho e que, muitas vezes, terá de passar por sofrimentos e dificuldades ajuda a suportar a ansiedade, evitando querer ajudar, ensinar, facilitar para o outro.

Casais que se relacionam para ter status e sucesso

Descrição – A motivação desse tipo de casal é a necessidade de ser produtivo, alcançar o sucesso e evitar o fracasso. Os parceiros se valorizam e aceitam mutuamente, mas se perdem um do outro por estarem muito preocupados com o trabalho e o sucesso.

Aprendizagem – Uma das aprendizagens é programar a dedicação de tempo e energia para a família e os amigos com o único objetivo de estarem juntos, sem o foco no trabalho ou nas conquistas. Lembrar que as pessoas precisam tanto de compreensão do que de solução é um dos ingredientes importantes para as mudanças necessárias. Qualificar suas características e as do parceiro, aquelas que não estão ligadas a trabalho e sucesso, também abre novos movimentos.

Casais que se relacionam para ter emoções fortes

Descrição – Eles são motivados pelo desejo de expressar seus sentimentos e serem compreendidos, mas desejam evitar o lugar comum. São empáticos, solidários e passionais; porém, magoam-se e sentem-se rejeitados com facilidade, sendo ciumentos e excessivamente carentes.

Aprendizagem – Um dos pontos importantes é aprender a serem diretos e específicos ao dizerem o que querem e o que não querem. Poderão treinar checar logo o que o outro quer realmente dizer, quando se sentirem ofendidos, tomando muito cuidando para não exagerar na interpretação do que o outro diz. Poderá ajudar se desenvolverem uma rede de apoio entre amigos e familiares e não depositarem somente no parceiro a fonte das suas necessidades emocionais. Outra aprendizagem importante é buscarem ser objetivos, sem sobrecarregar o outro com suas emoções.

Casais que se relacionam com muitos limites e distância

Descrição – São motivados pela necessidade de conhecer e entender tudo, de serem autossuficientes e evitarem parecer tolos. Isso os leva a serem briguentos, desconfiados, retraídos e negativos. Estão sempre em guarda quanto à possibilidade de serem passados para trás. Parecem estar sempre observando, ao invés de se envolverem nas relações.

Aprendizagem – Conter a tendência a provar que sabem tudo sobre todas as coisas é uma das aprendizagens básicas. Uma boa possibilidade de romper com o distanciamento é o exercício de deixar que o parceiro saiba que ele é importante e desejado. Explicitar e negociar os limites e a privacidade são movimentos que ajudarão os parceiros a se abrirem para um relacionamento mais íntimo e saudável.

Casais que se relacionam por medo

Descrição – São motivados pela necessidade de segurança e busca de aprovação. No relacionamento, são ternos, divertidos, solidários e honestos. Podem também ser desconfiados, controladores, inflexíveis e sarcásticos nos seus maus momentos. Quando se sentem ameaçados, retraem-se ou agem agressivamente.

Aprendizagem – Dar apenas o que realmente quiserem dar fará com que um não se esgote tentando fazer o que pensa que o outro quer. O exercício para verificar com o parceiro o que ele quer, o que estava pensando de verdade, levará a relação para um plano mais real, em que pedir, dar e receber sejam atitudes cotidianas. Uma forma de tornar a relação mais leve é desenvolver um senso de humor sobre sua hipervigilância.

Casais que se relacionam evitando as dificuldades reais

Descrição – São motivados pela necessidade de serem felizes e planejarem atividades agradáveis, evitando sofrimento e dor. São alegres, generosos, expansivos, carinhosos e divertidos. Ao mesmo tempo, são narcisistas, dogmáticos, defensivos e distraídos. Têm dificuldades em se comprometerem no relacionamento, pois fogem dos ângulos menos prazerosos do dia a dia.

Aprendizagem – Aprender a ver as coisas sob a perspectiva do outro e enxergar seu egocentrismo são duas das aprendizagens mais difíceis para esses parceiros. Um bom treino é perguntar ao outro o que ele quer e depois esforçar-se para fazê-lo. Saber que perdas e dores fazem parte da vida pode ajudar a suportar o lado menos fácil e prazeroso do processo.

Casais que brigam pelo justo, que "sabem qual é o certo"

Descrição – São motivados pela necessidade de serem autoconfiantes e fortes, evitando a fraqueza e a dependência. São leais, positivos, confiáveis, diretos, generosos e solidários. Ao mesmo tempo, são exigentes, possessivos e apontam com excessiva facilidade os defeitos do outro. Acreditam que sua visão do que é justo basta para explicar suas ações, mesmo que essas sejam duras e tragam dificuldades para os outros.

Aprendizagem – O treino para conter o impulso de descartar ou invalidar a experiência ou visão do outro é uma das aprendizagens mais difíceis. Saber que podem intimidar o outro pode ajudar os parceiros a dosarem a compulsão de serem excessivamente diretos. O esforço para expressar o apreço e admiração de forma explícita, em alta voz e com frequência é um exercício que deve ser feito no dia a dia; assim como aprender a negociar, com todas as nuanças de perder, ganhar, ceder, conceder.

Casais que evitam o conflito

Descrição – São motivados pela necessidade de manter a paz, associar-se aos outros e evitar conflitos. Portanto, são agradáveis, gentis, leais, animadores e não costumam julgar o outro. Ao mesmo tempo, são teimosos, inseguros, demasiadamente acomodados e defensivos.

Aprendizagem – O treino para assumir a iniciativa das mudanças, ao invés de esperar que as coisas mudem, é uma das tarefas mais difíceis. Além disso, expressar seus problemas e pontos de vista, ao invés de ficar só escutando a opinião dos outros, é uma aprendizagem poderosa e que poderá trazer grandes alterações nesse funcionamento. Expressar suas opiniões e sentimentos, aprendendo a colocar em risco a harmonia, é a vitória nessa aprendizagem.

A base para a avaliação e para o trabalho com casais vem da compreensão Relacional Sistêmica[7], que é minha orientação teórica, técnica e clínica em psicoterapia. De acordo com essa linha de pensamento, não se avalia um casal como se fossem duas pessoas somadas, mas sim como um sistema cujo funcionamento não é a somatória de dois comportamentos, senão uma forma que agrega os comportamentos de um, do outro e da relação. Assim, o padrão de funcionamento de um casal é algo mais do que o funcionamento de duas partes e torna-se um funcionamento unitário, que se constrói a partir da forma como cada um dos elementos funciona; o mais importante, porém, é a forma como eles funcionam **em conjunto**. Conhecer o funcionamento de um, e mesmo dos dois em separado, não mostra como eles são quando estão juntos, como agem e reagem, como se tornam um só sistema.

O processo de interação dos componentes do sistema conjugal é uma integração dos fenômenos complementares. Nessa perspectiva, portanto, só têm sentido aqueles conceitos que explicitem essa complementação. Descrições costumeiras, como as de vítima e carrasco, de certo e errado, de melhor e pior, perdem a consistência.

De acordo com esse enfoque, tais conceitos têm um caráter meramente descritivo de papéis sociais, já que ambos

---

[7] ROSSET, S. M. **Pais e filhos**: uma relação delicada. Curitiba: Sol, 2003. p. 1-18.

os participantes são induzidos e induzem a desempenhar o seu papel. Essa indução de comportamento nem sempre é clara; na maioria das vezes, é atuada de forma implícita, pelo que é dito e pelo que não é dito, pelos olhares e pequenos sinais. Para um observador não sistêmico, tais comportamentos podem passar despercebidos; para os envolvidos, porém, podem ser avassaladores.

⮩ Vá ao 6.5.

5.2 Individualidade

Manter sua individualidade

Uma das questões importantes quando se enfoca um casal é a acomodação das individualidades numa relação em que é necessária a construção da intimidade, da doação, da cumplicidade.

Os pares conjugais constituem-se por um tipo de espaço de relação mútua, no qual o "eu" e o "tu" ficam, muitas vezes, confusos e aglutinados pelo "nós". Este se torna a figura principal e, como tal, encobre a individualidade. Num primeiro momento da relação, isso pode passar despercebido, ou até ser alimentado; com o passar do tempo, porém, pode fomentar grandes e específicos ressentimentos individuais. Se o "nós" for mal empregado ou for o foco único da relação, desqualifica o "eu" e o "tu", criando desajustes conjugais, empobrecendo a relação e estabelecendo padrões rígidos de funcionamento.

Quanto melhor estruturada a pessoa estiver com relação à sua individualidade, mais apta ela estará para construir um "nós" rico e funcional, sem deixar de lado o que lhe é peculiar e sem desqualificar o que o outro tem de individual. A relação, então, será um espaço para exercitar e aprender a lidar com as diferenças, com as discrepâncias e os desacertos.

Existem muitas correntes e conceitos para se avaliar a estrutura de maturidade de um indivíduo. Na perspectiva sistêmica, os padrões de comportamento que caracterizam uma pessoa madura são denominados de "funcionais" porque a capacitam para enfrentar o mundo em que vive de uma maneira relativamente competente e precisa.

Algumas características de uma pessoa funcional são descritas a seguir.

- Manifestar-se claramente aos outros. Ter habilidades para expressar o que deseja de forma que possa ser compreendida pelos outros.
- Manter contato com os sinais do seu mundo interno, conseguindo perceber e conhecer o que pensa e sente.
- Ser capaz de ver e ouvir o que está fora de si mesma, percebendo isso como algo separado e diferenciado de si.
- Comportar-se em relação a uma outra pessoa como alguém separado dela mesma, com características únicas.
- Considerar a presença da diferença como uma oportunidade para aprender e explorar, e não como uma ameaça ou sinal de conflito.
- Lidar com outras pessoas e situações em seus contextos, mais em termos de "como a coisa é" do que em termos de "como ela deseja ou espera que seja".
- Aceitar a responsabilidade pelo que sente, pensa, ouve e vê, sem negar o que é seu, nem atribuir a outros os acontecimentos ou desencadeantes.
- Dispor de estratégias relacionais para negociar abertamente o dar, o receber e o apreender.

Um indivíduo disfuncional, por outro lado, tem outras características, descritas a seguir.

- Tem dificuldades para se comunicar adequadamente. Essas dificuldades se devem ao fato de que ele tem poucas possibilidades de se avaliar com precisão ou de interpretar corretamente mensagens oriundas do exterior. Muitas vezes, as suposições sobre as quais baseia seus atos são falhas, e seus esforços no sentido de se adaptar à realidade são confusos e inadequados.
- Manifesta-se de forma incongruente, isso é, emite mensagens conflitantes, através de diferentes níveis de comunicação. Tais níveis podem ser diferenças entre o verbal e o não verbal ou entre o dito e o que desejaria dizer, entre outras.
- Tem dificuldades de adaptar suas interpretações ao contexto presente. Ele tende a ver o "aqui e agora" através de rótulos que foram indelevelmente gravados em sua mente durante seus primeiros anos de vida, quando todas as mensagens tinham um valor de sobrevivência. Cada uso subsequente do rótulo contribui para reforçar sua realidade.
- Lida com o presente como se fosse o passado ou como o que espera do futuro. Desse modo, não estabelece uma perspectiva com relação ao passado ou não consegue programar o futuro calcado em bases reais.
- Não é capaz de realizar a mais importante função de uma boa comunicação: "verificar" se suas percepções são coerentes com a situação como ela realmente é ou com o significado que a outra pessoa tenha pretendido dar.

Quanto mais funcional uma pessoa for, individualmente, melhor ela estará para se fundir numa relação, mantendo sua funcionalidade e fazendo com que o relacionamento seja também funcional.

Construir o nós sem abrir mão do eu/tu

A vida a dois cria uma situação em que existe um amoldamento paulatino da personalidade dos seus membros. Ocorre uma mutação recíproca, cuja resultante final é: ao cabo do tempo, a personalidade de cada elemento do casal se torna um mosaico que encerra traços não discriminados, pertencentes tanto ao outro como a si mesmo.

Nesse processo, o risco é cada um renunciar ao **seu** em prol do **nosso** e apagar-se, fazendo surgir uma imagem confusa de duas massas corporais que se fundem numa relação simbiótica e cruzam-se, necessitando uma da outra, como se uma fosse a parasita da outra. Na maior parte das vezes, este não é o desejo de nenhum dos cônjuges em questão, mas eles vão deixando o processo ocorrer; obedecem "ordens" internalizadas ou explícitas, dadas pelos valores familiares, sociais ou dos grupos de pertencimento, somadas às dificuldades pessoais que cada um tem, ligadas aos temas de solidão, controle, direitos e deveres.

Esses são alguns dos desencadeadores do processo de desenvolvimento da simbiose do casal, mas cada caso ainda terá seus aspectos particulares, dependendo do contexto, do momento e das situações que o envolvem.

É comum que o casal viva sem tomar consciência do processo que está se instalando e somente se preocupe quando ele já estiver enrijecido; então, terá muitas dificuldades para modificá-lo.

Um casal iniciou seu namoro quando os pais dos dois estavam em processo de separação. O namoro foi um espaço de um cuidar do outro, de estarem juntos o mais possível, de um saber tudo que se passava com o outro. Aos poucos, foram fazendo um "contrato": estariam sempre juntos, só fariam coisas juntos, seriam totalmente abertos e sem restrições um com o outro. Casaram e foram solidificando essa decisão; vieram os filhos, e estes também entraram nesse padrão. Um dia, uma amiga fez uma festa de aniversário só para mulheres, e a crise aconteceu. Se ela fosse, seria uma traição; se ela não fosse, estaria mostrando para o mundo como funcionavam e ficariam vulneráveis às críticas. Ela não foi. Vinte anos depois, eles tinham um casamento em que não existiam atividades separadas, em que muita mágoa e tristeza viraram sintomas físicos, em que os dois filhos escolheram parceiros com padrão semelhante. Quando ele faleceu, muito antes do que se esperaria, ela não sabia o que fazer sozinha. Avaliando sua vida, lembrou da tal festa de aniversário e admitiu que, naquele tempo, poderia ter quebrado o acordo. Teria sido difícil, mas ainda possível. Depois daquilo, ficara muito mais difícil.

O tornar-se cada vez mais "eu" e cada vez mais "tu" propicia a formação de um "nós" mais diferenciado e composto pelas vivências e experiências de dois seres diferentes, definidos em sua unicidade e originalidade, que se tornam cada vez mais lúcidas e vivas na convivência do "nós".

Ter dificuldades para ver o outro como ele é

Ao se ligar a outra pessoa, com tal intimidade e convivência como acontece na ligação conjugal, uma das tarefas importantes é instrumentar-se para enxergar o outro na forma mais próxima possível daquela que ele é realmente. Esse é um dos segredos de uma relação real e viva, que propicia aprendizagens e crescimento.

A distorção da percepção que cada um dos membros do casal tem do outro depende das possibilidades individuais e, principalmente, da forma como cada um dos cônjuges revive, na relação de casal, a história de suas relações pessoais, especialmente as da mais tenra infância. A consequência dessa identificação é a criação de uma situação emocional favorável para que os integrantes do casal percebam o parceiro distorcido pelas experiências com personagens do seu passado. Assim, cada uma das partes entende a conduta da outra segundo seu código específico, baseada na imagem que tem dentro de si.

Uma mulher foi criada numa família, em cujo padrão de funcionamento o pai não assumia suas escolhas e seus desejos, mas esperava que os outros adivinhassem e tomassem atitudes de acordo com eles. Depois de casada, ela tentava adivinhar o que o marido queria que ela fizesse. Os problemas começaram a acontecer: cada vez que o marido dizia o que queria, ela não dava atenção a isso e passava a fazer coisas que "achava que ele estava querendo que ela fizesse". Aos poucos, ela começou a agredi-lo e a queixar-se de que ele nunca estava satisfeito com o que ela fazia, de que ele queria enlouquecê-la, de que ele não falava realmente o que queria. Ela levou muito tempo e sofreu muito até perceber que reagia como se ele estivesse repetindo a forma de ser do seu pai.

Progressivamente, cria-se uma intrincada rede de significações da conduta dos parceiros; isso faz com que os componentes de casal acabem sendo, um para o outro, fantasmas e não personagens reais. Assim, todo o padrão que a pessoa aprendeu na sua relação com pai e mãe vai interferir na relação de casal, seja vendo o outro como se fosse um dos seus progenitores, seja atacando-o, seja poupando-o, seja tentando agradá-lo. Se cada pessoa souber que isso pode acontecer, ficará atenta e, se acontecer, poderá retomar a questão, rever, conversar e aprender com cada uma dessas suas dificuldades.

A definição do que vai enxergar no seu cônjuge também depende da forma como aprendeu na relação com pai e mãe: como são/devem ser as relações homem/mulher, parceiro/parceira, amado/amante.

Por outro lado, uma dificuldade comum são casais cujos membros criticam-se reciprocamente por traços de personalidade que cada um deles não pode aceitar em si mesmo e precisa vivenciá-los como pertencentes ao outro. Isso acontece com pessoas que não aprenderam a enxergar suas próprias dificuldades ou que têm muito sofrimento em lidar com elas. Esse mecanismo também é aprendido na infância.

Crianças que enxergaram seus pais assumindo seus erros e dificuldades e responsabilizando-se por eles, sem vivenciar isso como uma derrota, uma guerra, aprenderão que enxergar suas dificuldades e lidar com elas é um processo criativo de amadurecimento e crescimento. Essas pessoas serão adultos que, nas suas relações de casal, poderão se mostrar em todas suas características, sem precisar depositar no outro o que não gosta ou não enxerga em si. Quem não aprendeu que características positivas e negativas coexistem em todas as pessoas, ou não aprendeu como ser amado e amar apesar das dificuldades, fraquezas ou incompetências, não suportará que seu parceiro veja ou identifique suas dificuldades; então, poderá se defender apontando no outro o que evita enxergar em si ou culpando o outro por desencadear em si essas dificuldades.

➲ Vá ao 6.9.

5.3 Funções de casal

Quando duas pessoas se juntam para serem um casal, elas constituem um sistema que, no seio da família, passa a ser o subsistema conjugal. Tal subsistema poderá ser o gerador de uma nova família; porém, mesmo que se encerre em si mesmo, será responsável pelo desenvolvimento e pelo crescimento emocional das duas pessoas envolvidas.

Existem algumas funções básicas, que são específicas desse sistema e que respondem pela razão de estarem juntos, descritas a seguir.

- Ser o refúgio para os estresses externos que os dois cônjuges sofrem no dia a dia – Alguns exemplos dessa função conjugal são: compreender e dar carinho depois de uma crise no trabalho; ouvir as explicações e razões para fazer o que fez no trânsito, no trabalho, nas dificuldades com parentes ou amigos; dizer palavras de estímulo e alívio quando o outro está desanimado, culpado ou arrependido.

- Ser a matriz para contatos com outros sistemas sociais, criando a forma específica do casal se relacionar com as famílias e com o social – Os parceiros definirem juntos o que fazer e como fazer nas relações com os amigos, a família e todos os outros grupos de relacionamento, sem seguirem o que aprenderam nas suas famílias ou o que é comum nos outros casais, mas sim o que é importante para os dois, da forma específica que eles querem estabelecer.

- Possibilitar o desenvolvimento da intimidade e da sexualidade – Por ser o espaço de maior intimidade que alguém pode ter, é o lugar ideal para ultrapassar seus limites, desenvolver experiências e aprender novos padrões nessas duas áreas.

- Favorecer aprendizagem, criatividade e crescimento – Por ser a relação de maior proximidade que se tem, é nela que aparecem o melhor e o pior de cada um dos parceiros, possibilitando maior aprimoramento. Em todos os momentos, surgirão dificuldades, situações novas; essas são as oportunidades para exercitar a espontaneidade e a criatividade para desenvolver novos comportamentos, flexibilizar suas ideias e aprender novos jeitos de fazer as mesmas coisas.

- Preservar bem as fronteiras, de forma que nem os filhos, nem os parentes, nem os amigos interfiram – Mesmo sendo importantes a ajuda e o carinho das famílias de origem, os cônjuges devem manter suas decisões, escolhas e definições como uma tarefa e um direito do casal. Assim, estarão descobrindo meios mais funcionais do que os usados pelos seus antigos familiares. Também devem definir que existem assuntos e decisões que não cabem aos filhos, além de avaliar a influência dos amigos para o crescimento e o desenvolvimento da intimidade e da cumplicidade do casal.

O casamento, formal ou informal, clássico ou alternativo, é mantido através de atribuições que se reforçam mutuamente. Essas atribuições são citadas em seguida.

- Proporcionar aos cônjuges uma experiência sexual genital.
- Contribuir para a perpetuação da raça, através da geração e criação dos filhos.
- Cooperar economicamente, através da divisão de tarefas entre adultos, e entre adultos e crianças, de acordo com a idade e a competência destas.
- Manter uma barreira entre as gerações, de modo que possam ser mantidos relacionamentos estáveis e harmoniosa atribuição de tarefas.
- Transmitir cultura aos filhos, através do ensinamento parental.

Um casal que aproveita seu espaço conjugal para o crescimento desenvolve padrões de complementaridade que permitem a cada um "entregar" sem a sensação de que "renunciou", aceitando a interdependência mútua, numa relação simétrica. No processo de acomodação mútua, os esposos podem atualizar aspectos criativos de seus parceiros, que estavam latentes, e apoiar as melhores características um do outro. Isso não significa cair no erro de insistir em aperfeiçoar ou salvar seus parceiros e, nesse processo, desqualificá-los.

Uma mulher levou anos para perceber que, na sua boa intenção de auxiliar o parceiro a ser mais educado e melhorar seus modos, apontava sempre seus erros e sua falta de boas maneiras. O pior é que ele percebia tais marcações como falta de amor e delicadeza dela e não sentia desejo algum de levar em consideração suas informações.

Outro cuidado necessário é enfatizar a mutualidade ou coparticipação, de forma que os dois enxerguem o seu melhor e o seu pior, sem depositar no outro suas dificuldades. Ao terem problemas, deverão desafiar e alterar o padrão que se tornou disfuncional, sempre lembrando que tal padrão é construído pelos dois; nenhum deles tem maior responsabilidade ou culpa.

Um casal funcional desempenha essas funções básicas e desenvolve-se de forma que seus membros aprendam a se mostrar inteiros e sem defesas nas suas relações conjugais.

Uma das formas para avaliar a funcionalidade de um casal é o padrão de comunicação que eles usam entre si. Pode-se usar os critérios citados a seguir para verificar de que forma eles conseguem ser e mostrar-se.

- Diretos – Colocando o que pretendem dizer, assumindo o desejo ou a mensagem. Isso aparece através do uso da primeira pessoa "eu", acrescentando afirmações ou perguntas que critiquem, detectem erros, avaliem, demonstrem irritação, reconheçam uma observação ou identifiquem estar confusos.

- Discriminados – Comunicando-se de forma que não confunde o que é seu com o que percebe que é do outro. O uso de uma linguagem que mostre claramente: "Eu sou eu, e você é você." e que demonstre, na forma e no conteúdo, que: "Eu sou uma pessoa diferente e separada de você e reconheço meus próprios atributos como pertencentes a mim. Você é você, diferente e separado de mim, e reconheço seus atributos com pertencentes a você."
- Claros – Comunicando-se de maneira que não dê margem para duplas interpretações. Isso é facilitado através da utilização de perguntas e afirmações que evidenciem objetividade e capacidade de obter conhecimento a partir de afirmações, direções ou intenções manifestadas por alguém.

⊃ Vá ao 6.4.

5.4 Conjugalidade e parentalidade

Conjugalidade é a qualidade da relação de duas pessoas que têm um relacionamento de intimidade, sexualidade e projetos comuns. Parentalidade é a qualidade da relação desse mesmo par, a partir do momento em que se tornam, além de cônjuges, pais de uma criança em comum.

O relacionamento conjugal exerce influência na natureza da homeostase familiar. Constitui o eixo em torno do qual se formam todas as outras relações familiares. Os cônjuges são os "arquitetos" da família. Um relacionamento conjugal tenso tende a produzir funções parentais disfuncionais. Essa disfunção pode desencadear um processo no qual um membro familiar mais afetado e mais vulnerável pelo relacionamento conjugal tenso poderá desenvolver sintomas físicos ou psicológicos. Tais sintomas constituem um pedido de socorro com relação à tensão existente entre seus pais e ao desequilíbrio familiar resultante; constituem uma mensagem que denuncia estar ele distorcendo seu próprio crescimento devido aos esforços feitos no sentido de aliviar e absorver a tensão existente entre seus pais.

Essa disfunção pode ser dissipada, e a harmonia retornar, encerrando os sintomas. No entanto, se nenhum dos dois prestar atenção a esse desequilíbrio, uma situação que poderia ser passageira acaba por se converter numa instabilidade permanente, e os sintomas podem se tornar crônicos ou cada vez mais sérios.

Uma das dificuldades familiares mais comuns é aquela que prende a criança no triângulo familiar disfuncional.[8] Os cônjuges que não se sentem confiantes a respeito de relacionamento marital desencadeiam várias possibilidades de dificuldades familiares que recaem num dos filhos; por exemplo, as citadas a seguir.

- Se cada um já se sente excluído em relação ao outro, ambos os cônjuges podem recorrer ao filho para satisfazer suas necessidades não atendidas pela relação marital – A mãe de um rapaz de 18 anos não percebia que seus comportamentos em relação ao filho (sua insistência em que ele viajasse com ela nos finais de semana, que a acompanhasse ao teatro e festas, que ouvisse suas dificuldades com seu chefe, que desse sugestão sobre sua maquiagem e suas roupas) poderiam ser uma forma de ter um companheiro que seu

---

[8] SATIR, V. **Terapia do grupo familiar**. Rio de Janeiro: Francisco Alves, 1977. p. 95-104.

marido não era e mesmo de agredir o marido que não lhe dava atenção e não a acompanhava.

• Se os dois sentem-se desapontados um com o outro e envolvidos numa guerra conjugal, cada um pode solicitar ao filho que tome o seu partido; isso significa tomar partido contra o outro genitor – Uma garota que tinha frequentes crises de dores de cabeça, insuportáveis, relatou que se sentia arrebentada toda vez que seu pai ou sua mãe exigiam que ela tomasse partido numa das suas discussões ou impasses. Ela sabia que, se dissesse o que pensava, um deles ficaria satisfeito e o outro desapontado. Era enlouquecedor viver nessa guerra e estar no meio do fogo cruzado.

• Se a mãe/o pai, em seu esforço para converter o filho/a filha em um aliado ou cônjuge-substituto, procura também seduzi-lo, pode lhe oferecer incentivos adicionais de atenção, de itens materiais ou outras regalias – Um rapaz de 23 anos disse que não via razão para estudar ou trabalhar, pois sua mãe supria todas as suas necessidades e os seus desejos. Ele só precisava aliar-se a ela quando ela precisasse e, algumas vezes, fazer suas vontades nas brigas que ela tinha com seu pai.

Numa família que tem dificuldades em manter a definição do subsistema conjugal, podemos encontrar um filho sendo confidente, amigo e companheiro de um dos pais, sendo o parceiro das horas de lazer no lugar do outro cônjuge; também podemos ver os cônjuges, ao invés de se cuidando entre si, criticando-se, atacando-se, criando mais estresse.

Muitos casais relatam que, ao se tornarem pais, deixaram de ser amantes, namorados, deixaram de ter tempo e espaço só para eles. Manter a vida conjugal e amorosa, o namoro e a intimidade, é uma habilidade necessária; se não continuarem a ser casal e ter seu espaço próprio e protegido, as funções desse subsistema acabam sendo depositadas nos filhos, que ficam com uma tarefa que não deveria ser deles. Um subsistema conjugal funcional será um subsistema parental funcional. Ao chegar um filho, se o casal consegue desempenhar satisfatoriamente suas tarefas de ser um casal, os parceiros transformam-se em genitores, levando para o subsistema parental o que aprenderam como casal, acrescentando com facilidade suas tarefas e funções como pais.

Ao nascer o primeiro filho, o subsistema conjugal deve se diferenciar para desempenhar as tarefas de socialização de uma criança, sem perder o apoio mútuo. As habilidades necessárias ao subsistema parental são citadas a seguir.

- Permitir o acesso da criança a ambos os pais, excluindo-a das funções conjugais.
- Adaptar-se aos novos fatores, pois criar filhos é a tarefa que mais novidades e mudanças traz.
- Compreender as necessidades de desenvolvimento de seus filhos e explicar as regras que impõe, com bom senso e adequadas à idade e ao contexto.

As funções do subsistema parental são as descritas abaixo.

- Nutrição – Engloba desde a alimentação básica até todos os outros elementos que irão "alimentar" o filho: cultura, informações, ensinamentos.
- Controle – Significa conhecer o filho, dosar as informações, dar limites adequados à idade e ao contexto, saber de suas atividades e companhias sem tolher a criatividade, sem invadir a privacidade, mas propiciando crescimento protegido.

- Orientação — Significa que os filhos não nascem sabendo, que precisam de informações e orientação, que precisam conhecer as normas e as formas de desempenhar as atividades e funções da vida. Aos pais, cabem essas orientações e ensinamentos.
- Autonomia apropriada à idade — Os filhos aprendem experimentando e só podem experimentar se tiverem espaço e autonomia para tal. Aos pais, cabe a tarefa de dosar essa autonomia e liberdade de acordo com a competência demonstrada pelos filhos.
- Autoridade — Existe para que os filhos aprendam a ter responsabilidade, coragem, discernimento, é importante que tenham pais que usem adequadamente sua autoridade. Sem o abuso do autoritarismo, cabe aos pais explicitarem seus valores, seus limites, suas regras. Assim, os filhos aprenderão a respeitá-los e a definirem seus próprios valores, limites e regras, na hora apropriada.

Quando as crianças são bem pequenas, predominam as funções de nutrição; o controle e a orientação assumem maior importância mais tarde; à medida que a criança amadurece, especialmente durante a adolescência, cresce a necessidade de desenvolvimento de autonomia, apropriada à idade.

A paternidade requer capacidade de nutrir, guiar e controlar. As proporções dos elementos dependem das necessidades de desenvolvimento das crianças e da capacidade dos pais, mas a paternidade sempre requer o uso da autoridade. Os pais só podem desempenhar suas funções executivas se tiverem o poder para tal. Os pais não podem proteger e guiar, sem controlar e reprimir ao mesmo tempo. Pais e filhos devem aceitar que o uso diferenciado de autoridade é um ingrediente necessário para o subsistema parental. Dessa forma, as crianças aprendem a negociar em situações de poder desigual.

Ao exercer efetivamente suas funções paternas, o casal estará solidificando suas funções de casal; assim, conjugalidade e parentalidade vão se fortalecendo e entremeando-se, uma facilitando e desenvolvendo a outra.

➲ Volte um item.

6. E tudo o mais...

6.1 Escolha do parceiro

Muito se tem discutido sobre o que determina a escolha dos parceiros. Na minha prática clínica com casais, fui desenvolvendo um olhar não ao **porquê** da escolha, mas ao **para quê**. Enxerguei, pois, que as pessoas escolhem seu par para manutenção ou para mudança.

- Escolha para manutenção do funcionamento e das dificuldades – As questões pessoais serão repetidas na relação de casal; a pessoa escolhida poderá desencadear as dificuldades existentes anteriormente, provocando a instalação de defesas para não mudar.

- Escolha para mudança – O outro, por mais difícil que seja, traz a hipótese de um novo processo; nesse caso, o cônjuge escolhido trará sempre questões, questionamentos e críticas à forma como a pessoa originalmente funcionava.

A escolha do parceiro obedece a algumas razões sobre as quais os envolvidos têm consciência e controle; entretanto, a maior parte das razões da escolha está enraizada na história precoce da pessoa, e nem sempre ela tem consciência de tais fatores.

Uma pessoa sofre influência do que vive e do que vê nas suas relações básicas, ou seja, na sua relação familiar inicial. Essas vivências infantis vão, também, influenciar e definir **quem** ela escolherá como seu par conjugal e **de que forma**. Algumas das vivências marcantes podem aparecer como descrito a seguir.

- Na relação com os pais – É importante perceber se ela foi respeitada como alguém com direito de escolha, se foi qualificada como pessoa do seu sexo, se eles davam importância às escolhas que ela fazia, se eles a ajudavam a ter discernimento e responsabilidade em tais escolhas, se fizeram projetos juntos sobre seu futuro relacional, entre outros itens. Uma moça que recebera uma mensagem de que jamais deveria depender financeiramente de um homem teve muitas dificuldades nas suas escolhas e definições amorosas. Independente das outras condições e características, o elemento determinante era sempre sua independência econômica. Isso tornou-se um dilema ao precisar escolher se acompanharia seu parceiro na mudança para outra cidade, onde todas as condições seriam favoráveis, mas ela teria, pelo menos no início, que depender financeiramente dele.

- Na forma de relação entre os pais – Os aspectos da relação dos pais entre si (a existência de respeito, qualificação, aceitação e a forma como atuavam esses itens) são modelos fundamentais e muito fortes que definirão, na maioria das vezes de forma inconsciente, as escolhas futuras. A comparação com a relação dos pais levou um rapaz a evitar relacionamentos que poderiam lhe trazer outras questões importantes e boas. Se a pretendente apresentava qualquer indício de se comportar como sua mãe, criticando ou ironizando aspectos de algum homem, disputando espaço ou opiniões, apontando alguma insatisfação, era logo descartada.

- Na forma como a criança participa nessas relações – A forma como os pais envolvem a criança no seu padrão relacional pode facilitar ou prejudicar suas possibilidades de escolhas futuras. Um homem, que se sentia completamente impotente frente às queixas, críticas e desmandos da sua esposa, relacionou sua impossibilidade às vivências infantis, nas quais sua mãe sempre lhe apontou e provou que era vítima das maldades e desmandos do seu pai. Ele sempre se colocara do lado dela, compreendia e defendia sua mãe e sentia muita pena e compreensão por ela e por suas dificuldades.

A qualidade dessas experiências define não só as escolhas que fará, mas também o que ela compreenderá como sendo um casal e muitos outros itens relacionados com casamento, casal, relacionamento, sexualidade. Dessa mesma forma, ela vai registrando por que um casal fica junto, o que é um casal feliz e outros tantos itens que vão definir a qualidade e o tipo de relação conjugal que vai construir mais tarde.

Uma terapeuta de casais justificava suas escolhas profissionais em função das suas crenças de que um casal era o único espaço para crescimento e organização de uma pessoa. Ao ser questionada de onde vinham suas certezas, percebeu que tais crenças não só definiam sua atuação como terapeuta, mas todas as suas opções e as questões do seu casamento. Ela não demorou a enxergar que eram "verdades absolutas", criadas e mantidas pelo relacionamento que tivera com seus pais; estes, apesar de todas as dificuldades, traições e sofrimento, sempre justificaram que tudo deveria ser esquecido, ou não levado tão a sério, pela importância que davam em manter o casamento.

➲ Volte ao 5.1.

6.2 Amor X Paixão

Ouvi de um amigo meu que o amor começa com uma atração que pode durar horas, dias ou semanas. A seguir, vem a paixão, que dura, em média, de 3 a 12 meses, até que a afinidade apareça.

Achei interessante e, durante um bom tempo, detive-me lendo sobre a paixão e o amor, vendo e avaliando os casais que eu atendia ou com quem me relacionava, tentando chegar a uma conclusão sobre essa premissa.

O tempo da paixão varia muito de pessoa para pessoa. Depende de muitos ingredientes, mas pode-se afirmar que dura mais naquelas relações em que os dois se esforçam para só mostrar as suas características que agradam ao outro. Alguns pares conseguem levar isso por um longo tempo; porém, é necessário um esforço (consciente ou não, intencional ou não) para manter os dados de realidade fora do ângulo da relação.

A intensidade da paixão vai depender do funcionamento dos parceiros, como eles são na sua forma de se interessar e tocar sua vida, mas depende muito da força e do motivo da primeira atração. Se o que atraiu ao primeiro olhar ou contato foi algo que é vital para os valores e para o momento da pessoa e foi fortemente impregnado de emoção e sensações, isso vai também influenciar a intensidade da paixão. Uma conhecida minha, ao encontrar a pessoa que acabou sendo seu marido por vários anos, ficou encantada pela calma e segurança que ele demonstrava. Ela estava saindo de um relacionamento que, semelhante aos seus relacionamentos anteriores, era repleto de problemas, traições e desentendimentos. Ela se apaixonou!

A possibilidade de se apaixonar depende da disponibilidade que uma pessoa tem em correr riscos, em se entregar.

A ausência de paixão na vida de uma pessoa sinaliza seu nível de controle, seu funcionamento racional, sua independência.

Por outro lado, o excesso de facilidade em se apaixonar delata uma fantasia de que a segurança e o afeto vêm de fora, vêm de alguém. A busca por essa segurança, esse afeto organizador deixa a pessoa sempre disponível a uma nova paixão; ela pensa que, dessa vez, será como espera e conseguirá o que lhe falta. Também as pessoas que têm dificuldades em aprender com as experiências correm o risco de estar sempre se apaixonando por alguém, pois não registram o que acontece como mapa para o próximo relacionamento.

Uma cliente minha dizia que se sentia uma privilegiada por ter se apaixonado perdidamente uma vez e sentia-se muito feliz de que tivesse sido só uma vez.

É inevitável que a paixão desapareça, pois o tempo, as mudanças e os dados da realidade são poderosos. A esposa de um cliente meu contou que, quando o deslumbramento causado pelo coquetel de hormônios diminuiu de intensidade, depois de mais ou menos um ano, e ela viu o companheiro à luz do dia, alguns detalhes que pareciam encantadores passaram a ser irritantes. Antes, ela achava engraçado se ele não conseguia encontrar nada na geladeira, mas agora tem vontade de gritar. Ele, que adorava ouvir tudo o que ela dizia, agora se cansa com a falação e chega a pensar em lhe apertar o pescoço. Cada um, então, pergunta-se: "Eu posso viver assim para o resto da minha vida? O que nós temos em comum?"

A paixão pode acabar, e o relacionamento não ter energia, força para continuar. Pode não sobrar motivação para se investir na continuidade e na transformação da relação. Um casal que se conheceu numa situação de inúmeras convergências, apaixonou-se perdidamente. Ela, uma mulher independente, exausta de tanto trabalho e falta de tempo, encantou-se com a disponibilidade e os cuidados que ele sempre havia dispensado às suas mulheres. Passou a sonhar que ele levaria seu carro à oficina, pagaria as contas e estaria sempre alegre e disponível para levá-la passear, dançar. Até imaginou a si mesma trabalhando menos, precisando de menos dinheiro, tendo alguém para dividir. Ele, um homem que tivera dois casamentos anteriores, em que cuidou das mulheres, atendeu os seus filhos, sustentou financeiramente as famílias e estava cansado e magoado por ter dado muito mais do que recebera, encantou-se com a competência e potência dela. Passou a sonhar que ela não deixaria nas suas costas o carro, as compras e as contas, nem esperaria que ele animasse sua vida e estivesse sempre disponível. Até imaginou a si mesmo gastando seu dinheiro só com o que lhe dava prazer, sem precisar se preocupar; talvez até mudasse de emprego, para algo mais prazeroso. Depois de pouco tempo de relacionamento, separaram-se; os dois ficaram muito tristes e magoados, pensando que o outro tinha mentido e enganado. Muitos anos depois, encontraram-se por outras causalidades e puderam processar o que havia acontecido.

Entretanto, a paixão pode se transformar. A passagem da paixão para o amor envolve o desenvolvimento de muitos aspectos. Algumas pessoas têm mais facilidades, outras menos. Vai depender da forma com que cada um lida com a realidade, com as frustrações, com as diferenças. É necessário aprender a usufruir o que o outro e a relação têm de bom, de útil; ao mesmo tempo, aprender a neutralizar o que o outro e a relação têm de ruim.

O amor não tem uma definição única. Cada pessoa vai defini-lo de acordo com o ângulo ou as questões que lhe são importantes. De um modo geral, todas as definições apontam para o **prazer**, a **facilidade** ou a **importância** de estar junto à pessoa amada. O que desencadeia tal prazer, facilidade ou importância, muda de pessoa para pessoa, dependendo do que é importante ou é vital para ela.

Amar é querer bem, apreciar, respeitar, valorizar, mimar, sentir falta, conceder espaço, querer que o outro cresça. O amor envolve ternura, amizade, compaixão, ética e delicadeza. Porém, o amor é uma tarefa trabalhosa; alimentá-lo é uma das tarefas mais importantes da vida. Se deixarmos que ele se organize sozinho, as agruras do dia a dia, a rotina, as diferenças e as dificuldades acabarão transformando esse amor em uma lembrança nostálgica. Por outro lado, se ele for enriquecido, alimentado diariamente, será fonte de bem-estar, de prazer e de humanização.

➲ Vá ao 6.13.

6.3 Adaptação às mudanças

Relacionar-se é uma aprendizagem de adequação às mudanças do ambiente interno e do externo. É um treino de adequar suas reações às reações do outro, às reações do ambiente e às alterações da relação e das situações.

A primeira mudança é a impossibilidade de pensar, decidir, fazer por si só, sem levar em conta a presença do outro. Mesmo que alguém não queira se submeter às ideias e interferências do outro, o fato da existência dele já interfere ou dá outra conotação aos seus movimentos.

Além disso, os parceiros começam a escrever uma história que é comum, na qual, querendo ou não, um será afetado pela visão, pelos movimentos do outro.

Todas as decisões (ter filhos, onde morar, como mobiliar a casa, o que comer, onde comer, o que e como fazer com o dinheiro, entre muitas outras) irão influenciar o futuro conjunto e o futuro de cada um.

Adaptar-se a essas mudanças é condição básica na busca da potência para definir o futuro, para negociar decisões e para administrar bem todas as situações que a vida conjugal e familiar trará.

Mudar é uma contingência da vida; porém, essa mudança será vivida com maior ou menor dificuldade, dependendo de:

- como a pessoa é flexível ou rígida em suas ideias e posições;
- como ela se sente enriquecida ou empobrecida ao deixar de usar ou funcionar de determinada maneira;
- como ela reflete ou não sobre seus comportamentos, ideias e decisões;
- como ela lida com o desconhecido, com o novo e com o inusitado.

O processo de mudança depende também de como a pessoa enfrenta algumas situações, tais como as descritas a seguir.

- Saber o que mudar – Ter clareza do que precisa/deseja alterar de forma concreta. É comum pessoas não saberem dizer concretamente o que desejam mudar, e isso leva a uma situação confusional, na qual o esforço da mudança perde-se num vácuo, por falta de direcionamento objetivo.
- Ter o desejo de mudar – Entusiasmar-se pelas possibilidades e vantagens que a mudança trará. É o desejo de mudança que garantirá a energia necessária para bancar o processo.
- Ter vontade suficiente para mudar – É o envolvimento concreto com a ação de mudança. É o que garante a

energia para se envolver no processo, para ter persistência e suportar as recaídas inevitáveis.

- Treinar, treinar, treinar os novos comportamentos – Saber que um novo comportamento, uma nova postura, uma nova organização não surgem magicamente, mas dependem de muito exercício e determinação.
- Só então, as mudanças passarão a fazer parte do padrão.

➲ Volte ao 4.

6.4 Padrão de casal

Quando duas pessoas escolhem-se para serem um casal, vão estruturar **sua** forma única de ser; aos poucos, vão estabelecer **seu** padrão de funcionamento de casal.

Tal padrão estrutura-se a partir do padrão de funcionamento de cada um dos participantes e da relação que se estabelece entre eles. É uma forma repetitiva que o casal usa para responder e reagir às situações da vida e às situações relacionais. Engloba o que é dito e o que não é dito, a forma como se dizem e fazem as coisas, bem como todas as nuanças dos comportamentos do casal.

Em função desse quebra-cabeça é que, muitas vezes, alguém muda de parceiro, mas não muda de funcionamento; em outras situações, a mesma pessoa funciona de formas diversas em relações diferentes.

Ter consciência do seu padrão individual e do seu padrão como casal ajuda a clarear dificuldades e problemas que o casal pode ter. Enxergar o seu padrão de funcionamento possibilita enxergar os riscos e as dificuldades que poderão ter e, assim, poder preveni-los.

➲ Volte ao 1.

6.5 Processo de casal

O processo de ser casal é, com certeza, o mais complexo e cheio de nuanças que uma pessoa pode vivenciar. Possibilita muitas aprendizagens, mas engloba dificuldades, dores e contato com as dificuldades pessoais, do outro e de entrosamento do casal.

No desenvolvimento do casal, é possível sofrer o processo, ou seja, ser um agente passivo que se conforma, queixa e reclama, ou ser um autor das mudanças pessoais e do casal. Assumir o processo de casal como uma possibilidade de crescimento e aprendizagem significa usar todas as situações como elementos para cumprir essa tarefa.

Uma das formas de perceber e fazer bom uso de um processo de casal é vê-lo em quatro etapas, descritas a seguir.

a) Desenvolver autoconsciência – Por ser a relação mais íntima que se tem, é no casal que aparece o melhor e o pior de cada pessoa. Se alguém quer ir adiante no seu processo de evolução, deve ficar atento ao que o parceiro diz sobre o seu funcionamento, ao que é fácil ou difícil fazer, a quais são suas compulsões nas dificuldades relacionais e assim por diante. Ficar atento ao seu funcionamento na relação propicia o desenvolvimento da autoconsciência.

b) Dar o melhor de si para fazer prosperar o relacionamento – Se cada um dos parceiros tiver consciência das suas próprias características positivas e de suas competências, pode enriquecer a relação do casal, deixando atuar o que tem de bom, rico, fácil, de forma que, juntos, possam ter e ser o que de melhor são e têm individualmente.

c) Aprimorar-se com o pior do outro – As características, os defeitos e as falhas do parceiro possibilitam que a pessoa descubra formas de melhorar a si mesmo, de trabalhar a partir das dificuldades que tais características desencadeiam.

d) Desenvolver características para melhorar o outro – Isso não significa atuar concretamente sobre o outro, dizendo o que ele deve fazer ou mudar, mas significa desenvolver **compaixão, paciência, compreensão, amorosidade** para com o parceiro. Treinando essas posturas e agindo segundo elas, o clima da relação vai se alterar e possibilitará mudanças constantes num ciclo positivo.

⊃ Vá ao 8.

6.6 Riqueza da relação

Muito se fala sobre a possibilidade da relação ser rica e de alta qualidade. Um cliente meu, que tinha uma preocupação em saber se seu casamento era saudável ou não, forçou-me a fazer uma lista de itens para que ele pudesse ter parâmetros para avaliar. Quando fiz a lista, não me ative muito na avaliação generalizada, mas sim no que ele, em particular, estava precisando enxergar, aprender. Muito tempo depois, achei essas anotações e pude reavaliá-las. Sobraram só quatro.

Servem como uma possibilidade para o casal enxergar no que está precisando aprimorar. Englobam sentimentos que, numa boa relação, um parceiro tem pelo outro.

a) Tesão, ou o nome que se queira dar – É um prazer, uma felicidade em estar no contato pele a pele com o outro. Engloba desde gostar de ter vida sexual com o outro até o simples prazer de ficar de mãos dadas.

b) Encantamento – É uma apreciação intensa daquilo que o outro é, dos seus gostos e jeitos. É esse encantamento que, com o passar do tempo e com o amadurecimento da relação, transforma-se em admiração.

c) Respeito – Respeitar o que não incomoda é fácil; respeitar o que é diferente já é mais difícil. O importante é respeitar aspectos que o outro tem, que são importantes ou inseparáveis para ele e que incomodam, atrapalham, interferem. A estima nascida do respeito mútuo é um ingrediente básico para a conservação do casamento.

d) Aprendizagem – Mesmo sabendo que, teoricamente, é na relação conjugal que mais se aprende, é importante avaliar se realmente está aprendendo com seu parceiro e enxergar se está fazendo bom uso da pessoa e das situações para seu crescimento. Enxergar o que pode aprender com o outro, com o seu jeito, com as formas diferentes que ele tem faz muita diferença na qualidade da relação. O mesmo vale para avaliar o parceiro. Numa relação, os dois podem estar aprendendo, só um deles ou nenhum. O ideal, porém, é que os dois estejam tendo um ganho de aprendizagem.

➲ Volte ao 5.2.

6.7 Parceria

A verdadeira parceria exige equilíbrio e simetria. Equilíbrio para se organizar, desorganizar-se e reorganizar-se, sem rigidez ou desintegração. É como aquela brincadeira de se desequilibrar; nela, se as mãos forem mantidas unidas e firmes, todos os movimentos serão possíveis e seguros. Simetria para que os dois possam confiar no outro e ter certeza da confiança que é depositada em si mesmo.

Um casal que tem uma boa parceria apresenta várias das seguintes características:

- querer-se bem como se quer bem os bons amigos;
- temperar o afeto com a sensualidade;
- lidar com as dificuldades de comunicação sem ressentimentos, nem cobranças;
- aceitar-se mutuamente;
- não se submeter, pelo outro, a coisas que não aceita;
- apreciar e admirar o outro;
- ter pelo outro ternura e cuidados;
- não investir no outro todos os seus projetos; manter aspectos, planos desvinculados do parceiro;
- gostar de passar junto a maior parte do tempo;
- desejar construir junto uma relação importante e duradoura;
- suportar e superar a convivência do dia a dia com suas chatices e rotinas;
- usar de criatividade para recriar a relação todos os dias;
- não ter expectativas exageradas e irreais com relação ao outro e a si mesmo.

➲ Vá ao 8.11.

6.8 Intimidade

A intimidade não surge pelo fato de os parceiros passarem muito tempo juntos, terem os mesmo gostos e interesses ou por não brigarem. A intimidade origina-se de algo diferente. Ela é gerada por uma série de momentos e movimentos de parceria, mas o principal desencadeante da intimidade é a possibilidade de expressarem os seus sentimentos e opiniões e de serem compreendidos. A chance de expressar sentimentos e de fazer queixas, sem que o parceiro sinta-se criticado e, ao contrário, mostre-se disponível não só a ouvir, mas a compreender, pode ter um efeito poderoso na manutenção do afeto e do senso de proximidade.

Não precisar dizer as palavras, ser entendido só pela expressão do olhar, não temer a fala e a expressão do outro, saber que o outro vai querer ouvir sua versão antes de julgar ou fechar questão são alguns indicadores de que o casal tem um bom nível de intimidade. Uma cliente me contou que, na sua terapia anterior, havia aprendido a conter seu impulso de se explicar, e isso fazia parte do padrão que ela e o marido tinham: ouvir a crítica, independente do que vai fazer com ela; ouvir sem retrucar.

⊃ Vá ao 8.6.

6.9 Autoestima

Autoestima é o sentimento da importância ou do valor que a pessoa tem por si mesma, é autorrespeito e autoconsideração. Vai se construindo a partir das experiências de vida que provam e comprovam a competência da pessoa nos vários aspectos da vida humana.

Alguém com autoestima reduzida nutrirá por si mesmo fortes sentimentos de ansiedade e incerteza. Sentir-se-á dessa forma porque sua segurança depende do que acha que as pessoas pensam a seu respeito, e isso enfraquece sua autonomia e individualidade.[9]

As experiências que a pessoa teve durante sua fase de crescimento levaram-na a não sentir que é bom ser uma pessoa de determinado sexo com relação a uma pessoa do outro. Na verdade, uma pessoa com baixa autoestima nunca

---

[9] SATIR, V. **Terapia do grupo familiar**. Rio de Janeiro: Francisco Alves, 1977. p. 30-34.

se separou realmente dos pais, isto é, nunca conseguiu estabelecer com eles uma relação de igualdade.

Quando tem uma autoestima rebaixada, a pessoa nutre fortes ilusões com respeito ao que pode esperar dos outros, abriga fortes temores, além de ter uma forte predisposição para manifestar desapontamentos e desconfiar das outras pessoas.

É muito comum que pessoas com baixa autoestima escolham seus cônjuges para conseguir algo que lhes falta: pode ser a estima que esperam que o outro tenha por si; pode ser alguma qualidade que veem no outro e sentem que lhes falta; pode ser o movimento e a ação que o outro faz e que espera que faça por si, entre outras hipóteses de ganhos.

É comum que pessoas com baixa autoestima, no seu relacionamento conjugal, estejam repetindo ou fazendo completamente o oposto do que viram entre os seus pais. Uma mulher, hoje com 70 anos, conta que passou mais de 40 anos de casamento dando espaço para que seu marido fizesse tudo ao contrário do que seus pais faziam. Seus pais eram extremamente educados, não gritavam, não explicitavam seu desagrado, nunca discutiam em público, estavam sempre de acordo. Parecia tudo muito arrumado, tudo irreal. Nunca se sentira confortável, aprovada, qualificada nesse ambiente "tão limpo". Ela casou-se com um homem colérico, que não precisava de muito estímulo para gritar e explicitar seu desagrado. Ela tinha certeza de que ele a amava, mas que a achava incompetente em várias funções básicas. Ela percebia sua escolha oposta, mas continuava presa na armadilha.

Uma moça vivera assistindo o sofrimento da mãe (pouco dinheiro, pouca independência, impotência) devido ao alcoolismo do pai e a sua total falta de persistência no trabalho e responsabilidade com os filhos. Escolheu um marido completamente diferente: herdeiro de uma família de muitas posses e com muitas condições. Após alguns anos de casamento, via a si mesma como vira sua mãe: sem dinheiro que pudesse gerir, precisando pedir mesada para o sogro; sem liberdade para suas escolhas, presa em todas as regras e definições dos outros; sozinha para cuidar dos três filhos, pois o marido tinha muitos compromissos, profissionais, pessoais e sociais.

Ter uma boa autoestima é sentir-se bem com relação a si mesmo, independente de os outros estarem o tempo todo demonstrando e independente de que os outros aceitem ou não, gostem ou não das suas características.

Uma pessoa que tem uma boa autoestima, que ama a si mesma, terá mais facilidade para amar o outro. Ela não vai esperar que alguém construa sua felicidade, nem esperar que o outro seja a sua realização; também não depositará no outro a responsabilidade por todas as coisas que não deram certo, que não saíram como sua expectativa, nem depositará no outro todo o mal-estar que sente dentro de si.

Na escolha amorosa, será possível perceber o quanto ela ama e respeita a si mesma; isso vai aparecer no nível consciente, mas muito mais no nível inconsciente e automático. Se ela tem uma boa autoestima, vai escolher uma parceria que lhe traga desenvolvimento e aprendizagem, alguém que lhe respeite, que acrescente elementos a sua vida.

Uma relação entre pessoas com um equilíbrio no sentimento de autoestima será uma relação em que os dois têm igualdade, valem o mesmo, têm os mesmos direitos e deveres. Acima de tudo, sabem disso e batalham por isso.

⊃ Vá dois itens adiante.

6.10 Concessões

A concessão é um dos instrumentos relacionais que garantem a continuidade do vínculo e é uma forma de demonstrar o afeto, a compreensão, a compaixão e o desprendimento. Sem concessões, uma relação está fadada ao fracasso.

Entretanto, as concessões também podem trazer muitas dificuldades e problemas. Um dos perigos nessa área são as concessões ocultas que os parceiros vão fazendo e que geram mágoas e a sensação de estarem sendo injustiçados. Como não são acertos explícitos, não podem ser negociados e vão minando interiormente. Durante 20 anos, uma mulher velejava com seu marido praticamente todos os finais de semana. Nunca havia dito que não gostava desse programa, que ir com ele era um ato de amor, uma construção para a relação, mas também uma concessão, um abrir mão das coisas que lhe interessavam e, pior, sentia-se completamente injustiçada por ele não reconhecer e agradecer por isso.

Outra questão são as concessões que são feitas com a expectativa de que o outro perceba e dê algo em troca; também geram mágoas e mal-estar. Uma mulher que estava se recuperando da perda do útero por um câncer devastador, ao ser perguntada sobre seus sentimentos nesse momento, disse que se sentia um pacote vazio. Passara 25 anos esperando que seu marido fosse gentil com seus familiares, tendo em vista o quanto ela cuidara da mãe dele, dedicando-se a ela. Só agora, porém, ao refletir sobre sua vida, percebia tudo que fizera, tudo que esperara e o que não recebera. Tinha a sensação de que não vivera, não fizera escolhas, não correra riscos. Ficara presa, esperando ser reconhecida e recompensada.

Algumas pessoas fazem concessões com tanta rapidez e tão automaticamente que, muitas vezes, nem percebem que estão fazendo. Um rapaz que não pretendia ter filhos não se conformava com a facilidade e rapidez com que dissera "sim" para a namorada. Só foi se dar conta disso quando ela lhe falou que havia tirado o DIU e, provavelmente, estivesse grávida.

Ao fazerem concessões, as pessoas forçam-se a fazer coisas que, de outra forma, não desejariam fazer. Se a condescendência ou o sacrifício acabarem se revelando mais difíceis ou desagradáveis e menos compensadores do que o previsto, a pessoa poderá se rebelar contra toda a situação e tornar-se zangada ou arredia. O desejável é que cada um seja capaz de agradar ao parceiro e fortalecer o relacionamento, sem ressentimentos ou retrações.

Às vezes, um dos parceiros pode deixar de jogar tênis e ficar em casa com os filhos para que o outro possa ir nadar; de vez em quando, pode ir ao cinema junto com o outro, para assistir a um tipo de filme de que este gosta. Quanto mais os dois fizerem concessões de forma consciente, mais amorosa e intima vai ficando a relação.

⮕ Vá ao 6.24.

6.11 Dependência e independência

A relação amorosa é a relação que mais traz à tona as dificuldades e as aprendizagens necessárias ligadas às questões de independência, dependência e autonomia.

Uma relação amorosa não consegue se estabelecer se não houver um movimento de dependência emocional dos envolvidos. Se cada um "ficar na sua", se cada um se interessar só pela sua vida e suas questões, não haverá uma construção conjunta da relação.

O grande desafio, então, é reorganizar as questões de dependência conforme a relação vai acontecendo, estruturando-se e modificando-se. A dependência é necessária, pois a vida em comum força os parceiros a assumir decisões quanto ao que farão juntos ou o que irão partilhar; ao mesmo tempo, precisam ser independentes e assumirem o que não farão juntos ou o que não irão partilhar.

A dependência recíproca responde pela identidade do casal, por aquilo que eles são como um todo. Organiza seus valores, suas mudanças, facilita a continuidade da relação, fortalece o sentido de pertencimento.

A independência garante a riqueza e diversificação do casal. Mantendo aspectos individuais, cada um dos cônjuges terá experiências e aprendizagens únicas; ao voltar para o casal, trarão novos itens para a relação.

Uma mulher de 60 anos, recuperando-se de um câncer, lamentava que tivesse passado toda sua vida de casada dependente da opinião e da aprovação do marido. Arrependia-se de que, 30 anos antes, não tivesse corrido o risco de bancar um desejo contrário ao desejo do marido. Vinte de suas colegas de escola organizaram uma festa para comemorarem o aniversário de 30 anos de várias delas, inclusive o seu. Estava tudo montado e combinado. Quando falou para seu marido, ele fez várias críticas e encerrou o assunto, dizendo que ela não deveria ir. Ela estava muito animada e, por isso, não levou em conta a opinião dele. No dia da festa, estava começando a se arrumar quando ele entrou no quarto e disse que se ela saísse para a festa não precisaria voltar. Ela ficou chocada, magoada, infeliz. Telefonou para as amigas, dizendo que tivera um imprevisto e não iria.

Um homem relatou que, há 30 anos, sentiu-se magoado pela forma como sua esposa, ao terminar a faculdade, sem seu consentimento, decidira dar uma orientação para sua carreira profissional, priorizando seu desenvolvimento e crescimento. Entretanto, ele era honesto em admitir também sua gratidão pela coragem que ela tivera em se posicionar. Percebia, ainda, o quanto sua família havia evoluído e tornado-se diferente em função da escolha que sua esposa fizera.

Ser independente numa relação de parceria significa também ter o direito e a responsabilidade de tomar decisões pessoais, sem consultar o parceiro ou até sem a aceitação do cônjuge. Independência pressupõe responsabilidades, escolhas, preços e riscos.

Viver momentos e situações em que os cônjuges são dependentes, bem como cada um ser independente do parceiro em diferentes atividades, interesses e relações podem ser tarefas e fatores de crescimento emocional do casal. Vivendo um casamento que possibilitava esses dois momentos, uma mulher dizia que, toda vez que sentia que podia depender de seu parceiro, mais coragem tinha para fazer coisas para si mesma.

Um homem, que tinha dificuldades em encontrar parceiras que se dispusessem a exercitar esses dois ângulos da relação, descreveu uma mulher que ele conhecera: "Ela é uma pessoa hábil em ser dependente, mas sequer parece sê-lo. É uma pessoa afetuosa, cativante, grata, responsiva e amorosa, a quem você sente vontade de dar coisas ou para quem se sente inclinado a fazer as coisas. É uma pessoa que tem êxito em conseguir que você deseje confortá-la e cuidar dela. Torna-se divertido fazê-lo. É uma pessoa que você gostaria de ter como amiga. Uma pessoa com quem você gostaria de casar. Também sei que é uma pessoa independente, que tem sua profissão, que briga e coloca-se nas situações, quando precisa ou quando quer. Eu não sei se vou dar conta disso tudo!"

⇨ Volte ao 6.2.

6.12 Internet

As inúmeras possibilidades oferecidas pela internet trouxeram novos sintomas e novos problemas aos casais. Esses problemas vão desde as pessoas viciadas em computadores até os casos amorosos que acontecem através da rede.

Quando a internet se transforma num problema, ele tende a ser muito sério. No caso das relações conjugais, os problemas que surgem são sempre uma intensificação ou uma explicitação das dificuldades já existentes, que tiveram uma oportunidade, ou uma permissão social, de serem atuadas.

Uma mulher contou que estava magoada com seu marido: ao não conseguir entrar nos *sites* da internet, usando o computador dele, solicitou sua ajuda. Este lhe dissera que ela precisava usar um dos atalhos existentes, chamado "convidados", e recomendara: "Comporte-se como um convidado educado, que não entra em porta fechada, não mexe em armários e não se interessa pela correspondência do anfitrião!" Ela ficara tão chocada que desistiu de usar o computador dele. Frente à sua mágoa e incompreensão, alarguei o panorama para os outros aspectos da relação que tinham. Ela não precisou esforçar-se muito para enxergar que, no padrão de relacionamento deles, o comportamento de base era o mesmo: desconfiança, invasão, defesa de privacidade, mágoa, segredos, fechamentos.

Quando menos esperava, uma mulher ficava enlouquecida porque ia usar o computador que compartilhava com o marido e não conseguia; "sem querer", ele colocara senha em alguma coisa, mudara a senha de acesso e esquecera de contar, mudara pastas de lugar ou qualquer outro fato "insignificante", na visão dele, mas "desesperador" na visão dela. Entretanto, isso era só a continuidade das situações do dia a dia.

Um homem que evitava toda possibilidade de intimidade com a esposa incluía horas e horas na internet, como mais uma das estratégias usadas para não estar disponível.

Por outro lado, a internet trouxe também algumas novas possibilidades aos casais que querem se instrumentar e melhorar a relação. Um casal começou a usar a internet e seus *sites* de relacionamentos íntimos em função do desejo, da fantasia, que o marido alimentava em ver sua mulher relacionando-se com outro homem. Ela aceitou a experiência via internet porque não queria desagradar mais uma vez seu marido e porque sabia que, concretamente, jamais aceitaria suas propostas. Ao iniciarem as experiências virtuais, ela foi se soltando e incrementando sua relação íntima com o marido no dia a dia. Por seu lado, ele iniciou uma escalada de ciúmes e inseguranças que nunca em sua vida imaginara que poderia ter. Encerraram as experiências via internet e decidiram procurar uma terapia: ela para flexibilizar e lidar com suas vergonhas, timidez, rigidez e ele para ver suas questões de inseguranças, machismos, valores e sexualidade.

Um outro homem, que não admitia que sua mulher tinha razão nas críticas que lhe fazia, relatou que buscava na internet informações e dicas para melhorar as questões de relacionamento. Aprendia muito, mudava muito a partir das reflexões que eram desencadeadas, sem precisar admitir que sua mulher tinha razão; pelo menos, não para ela.

A internet tem servido também para ampliar aspectos de comunicação e de intimidade entre os próprios casais. Usar a internet para treinarem comportamentos que não são fáceis no dia a dia, ou desenvolver novas aprendizagens, são alguns dos bons usos que o casal pode fazer. Casais têm usado a internet e a facilidade do correio eletrônico e da comunicação *on line* para dizerem coisas que não estão conseguindo dizer cara a cara; também usam esses recursos para acrescentar rotinas de carinho, palavras amorosas e lembranças gentis. Outros usam para se instrumentar em tarefas que não dão conta de fazer, como o homem que usava os *sites* de agendamentos para ser lembrado de todas as datas que eram importantes para sua mulher, das quais ela gostaria que ele lembrasse.

➲ Vá 5 itens adiante.

6.13 Tempo

Muitas vezes, as questões temporais são um ponto de atrito entre os casais. A maneira como eles organizam e vivenciam o tempo na sua vida pode afetar profundamente sua satisfação geral com o relacionamento.

As formas de administrar e de encarar o tempo são aprendidas por cada individuo na sua história precoce familiar. Quando dois indivíduos se aproximam, não sabem o que têm em comum ou o que não se coaduna entre eles. Desde o hábito de ser pontual ou impontual, a angústia ou a satisfação gerada pela passagem de tempo, a necessidade de agenda e despertador até a forma como se lida com a velhice são aspectos pessoais e inseparáveis do funcionamento de cada pessoa.

Ao se formar, um casal que tem consciência dessa questão pode avaliar as semelhanças e as diferenças nos seus pressupostos temporais e, assim, enxergar em que aspectos pode ter dificuldades.

Se, ao se unir, o casal souber que suas formas de lidar com o tempo e a temporalidade são diferentes, pode e deve ir adaptando seus jeitos de lidar com o assunto, para poder não só resolver as divergências como criar novas pautas relacionais.

➲ Volte ao 6.3.

6.14 Projeção no outro daquilo que é seu

Nas relações de casal, aparece muito um comportamento que, tecnicamente, é chamado de projeção. É um processo mental pelo qual as características (defeitos ou qualidades) de uma pessoa, não aceitas conscientemente, são atribuídas ou vistas por ela em outra pessoa, sem levar em conta os dados de realidade. Quando isso acontece na relação do casal, um deles enxerga no outro características ou funcionamentos que são seus. O que é enxergado pode também ser do outro ou ser só uma distorção no olhar de quem vê. A pessoa que enxerga dessa forma pode ter consciência de que também tem esse tal comportamento ou pode não enxergá-lo em si mesma.

Pedi ao marido de uma cliente minha que respondesse um questionário sobre o que ele percebia do funcionamento da sua esposa. Eu pretendia acrescentar suas respostas aos dados que eu já tinha do questionário que ela respondera sobre seu próprio funcionamento. Quando recebi o questionário do marido, estranhei muito, pois os dados não tinham relação com o que eu percebia da minha cliente, nem com os dados que ela tinha levantado. Quando fui checar e pedi que lesse os dados que o marido respondera, ela ficou bem surpresa e disse que a pessoa descrita era seu marido, ou o que ela percebia do funcionamento dele. Pensei que ele havia compreendido mal a consigna que eu dera; então, pedi que ela checasse com ele se havia respondido sobre ela ou sobre ele próprio. Ela conversou com ele e, na próxima sessão, disse-me que ele garantiu que respondera sobre ela.

Esse mecanismo é quase inevitável na relação de casal por ser uma relação de muita intimidade; nela, aparece o melhor, mas também o pior de cada um dos envolvidos. É uma relação que está sempre exigindo posicionamentos, retomadas e avaliações.

Saber que as projeções dos seus conteúdos no parceiro podem acontecer é um fator importante; com isso, as pessoas podem usar a relação para perceber a si mesmas, perceber seus pontos cegos, suas depositações.

Existe uma "fala psicológica" que diz: "Tudo que enxergo no outro, tudo que me incomoda no outro, acontece assim porque é meu." Não acho que seja de forma tão simplista, mas creio que muito do que incomoda no outro pode ser um bom mapa para o autoconhecimento.

Numa ocasião, brinquei com um cliente: se ele queria mesmo mudar e conhecer seus pontos fracos, deveria perguntar para sua esposa e para seus inimigos quais eram suas falhas, seus defeitos. Refletindo mais sobre isso, tenho clareza de que os inimigos e os parceiros são os que mais enxergam as dificuldades e erros de uma pessoa. Portanto, para enxergar os pontos cegos, um bom passo é levar em consideração e qualificar as críticas e queixas deles. Os cônjuges são os melhores parceiros para ajudar a identificar o que se precisa aprender e mudar.

➲ Vá ao 6.21.

6.15 Infidelidade

Muita teorização e muita discussão já foram feitas por psicólogos, orientadores, doutores, sexólogos e entendidos nesse assunto. Do modo com eu a defino, a infidelidade é a quebra de confiança, a traição de um relacionamento, o rompimento de um acordo. Entretanto, o quê, quais atos, quais comportamentos fazem essa quebra, esse rompimento? No momento cultural e social em que vivemos, mais importantes do que os parâmetros externos são os valores e as definições de cada casal.

Já acompanhei casais para os quais infidelidade só seriam as situações em que um dos parceiros tivesse uma relação sexual com alguém sem usar preservativo; com preservativo, não seria infidelidade. No outro extremo, vi casais para os quais seria uma infidelidade se um dos parceiros contasse algo ou conversasse sobre aquilo com uma pessoa de fora da relação, caso não tivesse conversado antes com o cônjuge sobre o tema.

Nessa dificuldade em definir o que é e o que não é infidelidade, alguns pontos podem ajudar as pessoas e os casais a clarearem suas questões relacionadas a isso, bem como resolverem as dificuldades e dores inerentes.

- Avaliar quais são suas crenças com relação à fidelidade/infidelidade – Todo indivíduo viveu próximo a um casal, sejam seus pais, sejam substitutos, e as vivências que teve na infância e na adolescência impregnam suas crenças pessoais. Se a traição era uma constante, se isso era explícito ou escondido, se havia uma rotina de se ter um álibi para as traições, se isso trazia sofrimentos, brigas, ataques e retaliações, se havia uma crença de que um era vítima e o outro o bandido, algumas das mensagens subliminares foram recebidas e definem no que cada pessoa vai crer e o que vai fazer quando estiver numa relação de casal.

- Avaliar se sabem quais são as crenças de seu parceiro – Ao formar um par com alguém, numa relação conjugal, cada pessoa vai atuar conforme suas crenças; estas aparecem nas escolhas, nas explicações e nos álibis que usa e em todos os outros temas, mesmo que inconscientemente. Uma moça que sofria muito com as traições constantes do seu parceiro ficou muito chocada quando lhe perguntei sobre o que ele achava sobre traição. Ela relatou que, na família dele, isso era rotina, que todos viviam como se o fato de um homem trair sua companheira fosse inevitável e até louvável. Relatou, ainda, conversas, fatos e situações. Quando lhe perguntei se ela sabia disso antes de casar e o que esperava, ela ficou atônita; apesar de saber, nunca se deteve em avaliar os riscos que correria. Ela temia ser traída, brigava muito por isso; porém, assim como sua mãe que fora várias vezes traída, acreditava que isso era inevitável, em algum lugar do seu ser. Então, escolheu um parceiro que confirmasse tal crença.

- Ter uma conversa franca sobre o que é traição, o que é infidelidade – Poder conversar sobre essas questões abre um espaço de entrega e intimidade para o casal. É importante que seja uma conversa do par com o objetivo de fortalecer a relação, e nunca uma exigência unilateral com o fim de ataque e controle.

- Ter clareza de quais coisas, em fantasia ou crença, levariam alguém a trair o parceiro – Ter consciência do que acredita desencadear uma traição é tão importante quanto as ideias que tem sobre infidelidade. Enxergando essas crenças dos fatores desencadeantes, é possível mapear os acontecimentos, responsabilizar-se pelo que faz ou evita, individualmente, e sair da fantasia para administrar a realidade.

- Conversar sobre as fantasias e crenças do que poderia desencadear a infidelidade e a traição – Compartilhar isso possibilita que os parceiros, juntos, vejam aquilo que é do funcionamento individual de cada um e como o funcionamento do casal neutraliza ou acelera tais fatos.

- Conversar sobre formas de prevenir esses riscos – Se o casal pode compartilhar e entregar para o parceiro suas questões sobre infidelidade, pode estabelecer atitudes e acrescentar movimentos na vida conjugal de forma a evitar que situações de traição ocorram com facilidade.

No caso de pessoas que têm uma facilidade ou uma compulsão em ser infiel, é importante que seja avaliada sua responsabilidade nessas situações. Muitos álibis existem para "explicar" e "permitir" a infidelidade e a traição, desde a flexibilização moral da sociedade, passando pelas "morais" familiares e dos grupos de convivência, pelos traços de personalidade ou características pessoais, até o álibi de que a infidelidade serve para proteger de outras dores. O importante é que a pessoa infiel possa enxergar seus álibis, responsabilizar-se pelo seu comportamento e pelas consequências.

Independente das causas e razões da infidelidade, é inquestionável que ela sempre envolve o risco de ferir alguém e de ser desleal em algum nível. Seja como for, um contrato foi quebrado, e os responsáveis devem assumir os riscos e as consequências.

A infidelidade traz consequências para o cônjuge, para o que traiu, para a relação e para os filhos. Tais consequências envolvem dores, inseguranças, mágoas, vinganças e culpas. Por mais que se perdoe, que se recontrate a relação, ser traído pelo parceiro é uma marca que ficará para sempre, mesmo que atenuada. Para os filhos, o que mais marca não é a infidelidade em si, mas a forma como os pais lidam com essa questão: os ataques, os comentários, as retaliações. A pessoa que traiu também é marcada pela situação e terá que conviver com as culpas, ansiedades e angústias que são desencadeadas.

Alguns casais, ao passarem por uma situação de infidelidade, tomam consciência do que está acontecendo dentro da relação conjugal e na vida de cada um dos envolvidos e podem, então, tomar decisões que ajudem a melhorar a qualidade da relação, a aprofundar a compreensão sobre necessidades e desejos seus e sobre necessidades e desejos do parceiro. Assim, com responsabilidade e humildade, poderão produzir um casamento mais saudável e prazeroso.

⊃ Vá ao 6.22.

6.16 Raiva

A raiva é uma das emoções básicas do ser humano. Na raiva, a energia flui para os músculos e para as mãos, acompanhada de descarga de hormônios, que preparam o organismo para ações fortes e vigorosas.

Enraivecer-se e expressar a raiva com a pessoa certa, na medida certa, na hora certa, pelo motivo certo e da maneira certa não é fácil.

Expressá-la pode acarretar perda de amor, mas reprimi-la pode ter o mesmo efeito. Ao reprimir a raiva, o rancor que se tem contra o outro vai sendo armazenado e acaba impedindo a relação. Esse rancor é nutrido cada vez que o outro faz uma crítica, cada vez que aquilo que o outro diz causa dor, cada vez que se percebe algo injusto. Os sentimentos negativos que se acumulam, que estão diretamente relacionados com o outro e com o que o outro faz podem explodir a qualquer momento. Se não for o momento adequado, ou se parecer ser a resposta a um estímulo pequeno demais, pode-se criar uma situação de rompimento, de mágoa, de incompreensão. Cria-se um circulo vicioso de dores, contensão, explosão, novas dores, contensão e assim por diante.

A melhor forma de lidar com a raiva na relação é expressá-la, quando ainda é bem pequena. Dessa forma, cria-se vigor, abre-se espaço para novos padrões relacionais e acrescenta-se movimento e energia para a relação.

Se os parceiros aprenderem a usar essa energia para fortalecer a relação, poderão combinar entre si o que fazer quando se sentirem tomados pela raiva e como um poderá ajudar o outro a ter consciência e controle da expressão dessa emoção.

➲ Vá à Conclusão.

6.17 Brigas

As brigas na relação de casal são uma forma de se fazer conhecer, de mostrar suas características e seu potencial para o parceiro, de lutar para manter sua privacidade, seu espaço e sua individualidade.

Evitar brigas pode ser o ingrediente principal que deteriora a relação e impede a intimidade. Se uma pessoa tem uma compulsão em evitar brigas, ela está presa na mesma armadilha de outra que tem a compulsão de brigar por qualquer detalhe pequeno. Sendo uma compulsão, tanto um comportamento como o outro são mais fortes que o afeto e o espaço da relação.

Uma briga fica insolúvel quando nenhum dos parceiros consegue fazer com que o outro aceite os importantes pontos de vista que cada um precisa que o outro conheça. Assim, não param; toda situação é motivo para retomarem a mesma briga.

Numa entrevista sobre relacionamentos, na televisão, ouvi um terapeuta dizer: "Já que evitar brigas não é a melhor proposta numa relação, então briguemos, mas com mais habilidade".

O que seria uma briga com qualidade e habilidade? Talvez seja uma briga em que se respeitassem os fatores descritos a seguir.

- A raiva fosse expressa, sem o ataque destrutivo do relacionamento – Uma das hipóteses para fazer isso, e que um casal que conheço usava, é a de clarear: naquele momento, existe a raiva, e tudo que disser é expressão dela; entretanto, pode não ser a verdade, nem o que se sente ou pensa.
- Não se aplicassem "golpes baixos" – Uma cliente, que tristemente admitia ser "especialista em golpes baixos",

contou: numa briga que teve com o marido, no auge da raiva, não se conteve e falou coisas que ele havia dito contra a irmã dele, que estava presente na cena.

- Não houvesse insultos – Uma mulher, que dizia saber-se amada pelo marido, não estava suportando o relacionamento em função de que, quando menos esperava, no meio de uma briga, ele a chamava de puta ou algo semelhante, trazendo à tona as questões de sua fase de solteira e "namoradeira".
- Não se desenterrassem coisas do passado – Um casal funcional briga por questões atuais, reais; um casal disfuncional briga por coisas do passado, está sempre brigando a mesma briga, repetidamente.
- Não se despejassem queixas e frustrações acumuladas sobre o parceiro – É comum que, no dia a dia, não se fale das mágoas e insatisfações; porém, no momento da briga, esses conteúdos adquirem uma intensidade muito grande e são despejados todos juntos.
- Fossem expressados sentimentos, em vez de acusações – O que uma pessoa diz pode ser mais acusador do que ela imagina. Acusar transforma a outra pessoa em alguém que não quer ouvir, e isso impede que a briga possa ter alguma utilidade.
- Fossem feitas apenas críticas construtivas – Essas são críticas que colocam a questão delicada, mas dão chance de o interlocutor aprender algo, defender-se, compreender o que se está reclamando; são o contrário das críticas destrutivas, que não dão alguma chance de saída ou bom uso. Uma outra diferenciação é que a crítica destrutiva ataca a pessoa como um todo: "Você é um idiota!". Já a crítica construtiva aponta e ataca uma parte da pessoa, uma atividade ou uma função: "Você **agiu como** um idiota!"

- Cada um ouvisse e reconhecesse o que o parceiro acabou de dizer, ao invés de argumentar em contrário, imediatamente – Uma pessoa me contou: uma forma de fazer com que o parceiro ouvisse realmente o que tinha para dizer era descobrir os aspectos em que concordava com ele, no que ele acabara de dizer, e daí prosseguir apresentando o próprio argumento.

- Brigassem primeiro; depois, conversassem e resolvessem a questão – Briga e conversa não combinam. Na hora da briga, não se deve esperar resolver questões, embora esse possa ser o único momento em que os parceiros falem sobre tais questões. O hábito de conversar sobre a briga, bem depois do ocorrido, quando o assunto já tiver esfriado, abre possibilidades de conversas e novos contratos nas questões que já são conhecidas como perigosas e desencadeadoras de brigas e desacertos.

- Não empregassem queixas poderosas, irrefutáveis e culturalmente sancionadas para tentar conseguir a aceitação dos seus argumentos – Isso seria usar álibis que impedem a circulação. Acompanhei um casal que procurou terapia ao perceber que, nas brigas, cada um usava argumentos que deixavam o outro sem ação. O que os afligia era que tais argumentos usavam a preocupação e o mal que cada um deles fazia com os filhos. Portanto, não estavam sendo úteis; pelo contrário, agrediam os filhos e agrediam-se mutuamente de forma muito profunda.

- Relatassem a mágoa ou a decepção que fundamenta a raiva – Uma pessoa fica mais inclinada a ouvir alguém relatar sua raiva (ou seja, dizer que está zangado) do que se a raiva for expressa (ou seja, se for alvo de palavras iradas).

➲ Vá ao 8.5.

6.18 Fantasias mágicas

Todos os indivíduos desejam que, magicamente, o parceiro se transforme naquilo que sempre esperou. Esperam, por exemplo, que seus parceiros ajam, automática e espontaneamente, das formas descritas a seguir.

- Sejam atenciosos ou solícitos nas tarefas rotineiras (dar flores, preparar uma refeição especial, acordar junto com as crianças no domingo de manhã, passar o aspirador sem ser preciso pedir), de forma que os faça sentirem-se amados e satisfeitos, em vez de pouco valorizados.
- Envolvam-se nas relações sexuais com mais entusiasmo, mais frequência, mais desenvoltura, ou que se mostrem dispostos a tomar parte em determinado ato sexual que os faça sentirem-se, realmente, amados e satisfeitos.
- Compartilhem, espontaneamente, com eles de um determinado interesse que lhes seja especialmente importante (jogar tênis, acampar, praticar jardinagem, ir ao cinema, visitar os parentes).
- Cuidem das tarefas que lhes parecem particularmente penosas no momento, por exemplo: guardar os brinquedos do bebê, telefonar à assistência técnica da lavadora ou consertar algo que está danificado, no momento em que é necessário e não quando tiverem disposição.
- Sejam receptivos; recebam-nos no fim de um dia difícil de uma maneira carinhosa e reconfortante, que lhes dê a sensação de que tudo valeu a pena.
- Compartilhem seu bom humor, em vez de arruiná-lo, não importando se estão bem-humorados ou não.

- Arranquem-nos da depressão, em vez de aumentá-la com os comportamentos que desencadearam as mágoas e tristezas.

Quando a pessoa ou, melhor ainda, o casal se torna capaz de notar suas fantasias e ter clareza de que são fantasias mágicas, está pronto para adequá-las à realidade e pode usá-las como pistas para suas compulsões relacionais, suas mágoas e tristezas. Dessa forma, pode reorganizar as expectativas irreais e trabalhar para que o parceiro desenvolva atitudes possíveis, viáveis.

Ouvi uma pessoa dizer que os desejos impossíveis se transformam em fantasias, que se transformam em expectativas, que virarão frustrações que, por sua vez, virarão mágoas. Acredito que é um dos caminhos.

O problema não é fantasiar; o problema é confundir suas fantasias com a realidade. Se for possível fantasiar e criar os desejos, sabendo adaptá-los às condições reais do parceiro com quem está vivendo, pode-se enriquecer a relação com criatividade e espontaneidade.

⊃ Vá ao 8.13.

6.19 Solidão

A solidão é uma das situações inevitáveis do ser humano e vai acontecer também durante uma relação de casal. Entretanto, se a relação não estiver bem, servirá de depósito das queixas e de prova da solidão.

A relação conjugal, por suas características especiais, é o espaço em que as pessoas depositam a maior parte de suas esperanças, senão todas elas. São esperanças de serem felizes, de serem amadas, de se sentirem pertencendo, de se sentirem acolhidas e compreendidas. Provavelmente, em função dessas expectativas, é também o espaço em que as pessoas mais se sentem solitárias.

Por todas as dificuldades que podem acontecer, por mágoas e distanciamentos, as pessoas vão se fechando, sentindo-se solitárias e deixando o outro sozinho e solitário.

Sob alguns ângulos, a solidão dos homens parece mais árida do que a das mulheres, devido às questões da maternidade. Muitas vezes, as mulheres erguem uma parede em torno da relação com o filho e deixam o homem de fora. Então, eles sentem-se isolados dentro da sua própria casa, sem fazer parte do que acontece à sua volta, e a parceria que o casal tinha pode se dissolver com a vinda de um filho.

O maior motivo das mulheres se sentirem sozinhas é não conseguirem ser compreendidas pelo parceiro em suas razões e seus motivos de ações e sentimentos.

Mesmo numa relação de qualidade, os parceiros vão se sentir solitários em alguns momentos, em algumas fases. Isso acontece por vários motivos: pela impossibilidade de se compartilhar tudo; porque existem momentos em que a solidão dói sem motivos aparentes; porque existem dores da alma e do coração, impossíveis de serem explicadas; porque incompreensão, frieza e desinteresse vindos de quem está mais perto doem muito mais do que vindos de qualquer outra pessoa.

⮕ Vá ao próximo item.

6.20 Crises típicas do matrimônio

Todo casamento terá suas crises específicas, mas algumas são comuns a todos os casamentos e acontecem em função das mudanças e passagens pelos ciclos de desenvolvimento da família e de seus elementos e pelas aprendizagens que são necessárias nas fases que surgem.

Algumas crises previsíveis são as descritas a seguir.

a) Crises na estruturação estável do casal

É a fase de comprometimento com um novo sistema. Na formação do sistema conjugal, há um realinhamento dos relacionamentos com as famílias ampliadas e os amigos. As aprendizagens e dificuldades que tiveram na fase de namoro, a existência de paixão ou o início da relação com dados de realidade, as fantasias e expectativas que têm da vida conjugal são alguns dos fatores que irão interferir nessa etapa.

As tarefas desse momento são as ligadas com a definição de que tipo de casal eles vão ser, de quais atividades vão desempenhar, de qual contrato eles vão definir.

É uma fase de negociação e renegociação, tanto das questões do casal, como das formas e organizações externas aos cônjuges, como famílias, amigos, trabalho.

b) Crises na estruturação e produção da família

Essa fase inclui o nascimento dos filhos e a estruturação de uma vida familiar além da conjugal. O dilema maior dessa fase é aceitar funcionalmente novos membros no sistema. Pressupõe: ajuste do sistema conjugal para criar espaço para os filhos; união dos parceiros nas tarefas de educação dos filhos, nas tarefas financeiras e domésticas; realinhamento dos relacionamentos com a família ampliada para incluir os papéis de pais e avós.

A etapa de filhos adolescentes pressupõe aumentar a flexibilidade das fronteiras familiares para incluir a independência dos filhos e as fragilidades dos avós; talvez esta seja a tarefa mais difícil e importante dessa fase. Outras tarefas são também relevantes: modificar os relacionamentos progenitores-filhos, a fim de permitir ao adolescente movimentar-se para dentro e para fora do sistema; desenvolver novos focos nas questões conjugais e profissionais do meio da vida; começar as mudanças no sentido de cuidar da geração mais velha.

c) Crises da meia-idade

O desafio maior é aceitar as várias saídas e entradas no sistema familiar. A ele pode ser acrescida a necessidade de renegociar o sistema conjugal como díade, de desenvolver um relacionamento de adulto-para-adulto entre os filhos crescidos e seus pais, de realinhar os relacionamentos para incluir parentes por afinidade e netos, de lidar com incapacidades e morte dos avós. É a época de avaliação do que já foi feito, com possibilidades de redefinições e novas escolhas das opções antes realizadas. Ainda há tempo para quase tudo que se queira!

A aposentadoria é a fase da redefinição da identidade profissional e da competência. Possibilita a reorganização dos projetos de vida, a retomada de prazeres e objetivos adiados ou abandonados. Descobrir outros projetos e outras competências que não sejam só profissionais talvez seja o maior desafio dessa fase. Na nossa realidade, em que aposentadoria significa perda de ganhos de dinheiro, são necessárias coragem e criatividade para não sucumbir às dificuldades e poder continuar reorganizando sua vida.

d) Crises ligadas à velhice

O desafio é aceitar a mudança dos papéis geracionais. A família tem como tarefas: manter o funcionamento e os interesses próprios e/ou do casal em face do declínio fisiológico; apoiar um papel mais central da geração do meio; abrir espaço no sistema para a sabedoria e a experiência dos idosos, apoiando a geração mais velha sem superfuncionar por ela; lidar com a perda do cônjuge, irmãos e outros iguais; preparar-se para a própria morte. É o momento de revisão e integração da vida.

Nos dias atuais, uma variável é que as pessoas estão vivendo muito mais que antes. Isso altera toda a definição do que é velhice, quando é que se fica velho e outros conceitos que antes nos davam um "norte". Além de viverem mais, as pessoas estão envelhecendo cronologicamente, mas continuam ágeis e lúcidas, mantendo sua autonomia.

Além das crises previsíveis, algumas situações podem desencadear outras crises.

- Crescimento desproporcional entre os cônjuges – Por questões profissionais, de oportunidades, de características pessoais, um dos cônjuges pode se desenvolver mais que o outro. Essa diferença pode ser em qualquer área importante – cultural, espiritual, emocional, econômica ou financeira, social – e pode gerar crises dentro do casamento. Quanto antes o casal perceber essa disparidade, mais possibilidade terá de evitar que esse fato gere desencontro e afastamento.

- Acidentes com os filhos – Muitas vezes, um casal que consegue driblar suas diferenças e dificuldades de uma forma constante entra em crise quando se depara com acidentes ou dificuldades importantes com um filho. Por ser uma relação vital e os pais viverem situações de impotência, de insegurança, de falta de discernimento e lucidez, as dificuldades do casal, antes tão bem escondidas, podem aparecer. Tais fatos também podem servir de desorganizadores e de estímulo para uma reavaliação da relação, trazendo um novo ânimo para descobertas e mudanças.

- Acidentes com um dos cônjuges – No momento em que um dos membros do casal passa por dificuldades e necessita de cuidados, cria-se uma fase crítica, em que carinho, compreensão e paciência serão postos à prova. A necessidade de um ser cuidado e do outro cuidar, a necessidade de um assumir sozinho tarefas e compromissos que antes eram divididos podem trazer à tona carências e queixas que estavam latentes.

- Perdas: mortes, perdas financeiras, de emprego, de qualidade de vida ou de outra natureza qualquer – Cada um dos parceiros, certamente, terá sua forma de lidar com elas. Uma das dificuldades é que eles correm o risco de competirem, alegando que sua maneira de sofrer e de lidar é a melhor, a correta. Além disso, se houver mágoa e culpabilização do parceiro pela perda, a situação ficará mais traumática. Se o casal puder lidar junto com todas as etapas de cura das perdas – chorar a dor, expressar a raiva, limpar a culpa, refazer projetos – sairá da crise com a relação fortalecida.

- Quebras de contrato – Saber quais contratos, por mais sérios que sejam, podem ser refeitos, ajuda a negociar e evitar que essa crise seja intransponível. O casal precisará lidar com a perda e o resgate de confiança para que possam explicitar todos os ângulos da situação – mágoas, perdas, riscos – e renegociar novos contratos.

➲ Vá ao 7.

6.21 Ciúme

O ciúme pode ser uma emoção normal, adequada e necessária. Ele é a consciência de uma distância ou interferência em um relacionamento de compromisso. Ele se desenvolve quando sentimos que nosso parceiro não está tão estreitamente conectado conosco como gostaríamos. Ele pode ser um sinal de que alguma coisa (ou alguém) interpôs-se entre nós e está afrouxando os laços.

O ciúme é benéfico se ocorre em um relacionamento unido e se provoca um comportamento que aproxime o casal. Pequenos jatos de ciúme podem ser como uma cola que une o relacionamento e previne qualquer tendência natural ao afastamento.

O ciúme pode ser excessivo por várias razões. Entre elas, estão as citadas a seguir.

- Interação matrimonial perturbada – Acontece entre casais que têm um padrão de funcionamento calcado em "estar no controle", em "ciúme-infidelidade-ciúme", entre outros padrões que dão lugar à escalada cada vez maior de crises de ciúme.
- Contratos mal feitos – Aspectos importantes não são ditos, desejos não são explicitados e bancados, restrições não são negociadas e podem ser responsáveis por ciúme e crises repetitivas e profundas.
- Dificuldades emocionais pessoais dos parceiros – Pessoas com dificuldades profundas na sua estruturação de personalidade terão menos habilidade para lidar com relacionamentos e com todas as vertentes "perigosas" que existem – desacertos, rejeições, desavenças. Podem, ainda, reagir com depositações, sentir-se perseguidas e traídas, alimentando o excesso de ciúme.

Provavelmente, o ciúme contém um elemento de dependência e medo de abandono. Pode-se aproveitar os momentos em que o ciúme surge para ver como ele é, como manipula, como impele contra as melhores intenções, aspirações, contra os melhores desejos. Isto é, utilizar a crise de ciúme para se dar conta da direção para a qual ele conduz. Ficar atento a essas pistas pode alterar a relação consigo mesmo e, por consequência, a atitude em relação ao outro.

⊃ Volte dois itens.

6.22 Busca de terapia

Potencialmente, todo casal pode resolver suas dificuldades entre si. Na prática, nem sempre é possível, nem sempre os parceiros conseguem. As dificuldades do casal podem servir de alavanca para aprendizagens e crescimento, seja num processo terapêutico, seja na própria relação. É necessário, porém, que os dois envolvidos estejam disponíveis e tenham condições para isso.

A resolução funcional dos problemas conjugais pressupõe que os envolvidos compreendam que as dificuldades só serão sanadas se ambos tiverem **desejo e vontade de mudar** aspectos pessoais. Desejo significa a energia para planejar, a necessidade de buscar. Vontade significa a energia necessária para a ação, o movimento indispensável para a busca. Só havendo a decisão individual é que a tarefa de reorganizar o casal, de definir novas regras de funcionamento, de aprender novas pautas de comunicação e de relação é possível.

Muitos casais buscam terapia ou se propõem a avaliar a relação, cada um com o intuito de que o terapeuta, ou os familiares, enxergue e mostre que o outro é o culpado, é o algoz, esperando que um "juiz" julgue que ele está certo, que tem direitos de agir como está agindo. Outros vão à terapia como uma forma de confirmar que têm boa vontade; eu já ouvi ou percebi a frase: "Sou tão legal, até para a terapia eu vim." Outros vêm para "empurrar com a barriga", para ir levando a situação como está, porque não têm esperança, porque não querem mudar ou não acreditam que o outro queira mudar, porque esperam algum acontecimento mágico que resolva os problemas, para terem provas da culpa do outro ou para terem uma testemunha dos erros do outro.

Nesses casos, discussões, terapias, avaliações podem se estender por um longo e doloroso período, com riscos de novas mágoas, novos ataques, novos fechamentos.

A proposta de terapia ou de reformulação de um casal pode acontecer de forma mais funcional e até rápida se:

- os dois cônjuges quiserem, realmente, enxergar sua contribuição para as dificuldades;
- houver afeto entre eles;
- não estiverem envolvidos ou interessados em outra pessoa fora da relação;
- houver interesse e atração sexual entre eles.

Observei, independente das idades, do tempo de relação, do nível econômico ou cultural, que existem nos casais quatro tipos de envolvimento básico na busca da terapia. O envolvimento é que define a energia e as características da empreitada e pode dificultar ou facilitar o processo.

- O esforço dos parceiros é para encobrir as dificuldades – Independente dos motivos (incapacidade de tomar consciência do seu funcionamento, medo do que pode acontecer, receio de ser condenado, culpa pelos acontecimentos, desqualificação da importância ou da seriedade dos sintomas e atos, entre outros tantos), o processo não se desenvolve. As sessões ou as conversas giram ao redor, sem a abertura de novas possibilidades, de novos ângulos.

- Os cônjuges estão em guerra – Também não importam os conteúdos e as justificativas para a guerra, nem se é suave ou mortal, as sessões e conversas são um interminável e perigoso treinamento para conseguir atingir e machucar o outro o quanto antes, da forma mais profunda. Cada um dos parceiros vai ficando mais hábil e ágil em instrumentar-se para o ataque, a guerrilha, a destruição.

- Eles precisam se tornar um casal – Independente do tempo que já estão juntos, eles não são um verdadeiro casal. Eles podem ter consciência desse fato ou as dificuldades e os sintomas é que estão apontando para tal questão. Pode ser que ela se comporte como "mãe" dele e ele como o "filho" dela, que sejam como dois irmãos ou dois amigos, que não consigam assumir o casamento e prefiram ficar "para sempre" cada um na sua casa e só namorando, que sejam recém-casados e não consigam assumir as mudanças, responsabilidades e funções de casados. O trabalho com esses casais vai mostrando os aspectos de cada um que precisam ser amadurecidos ou reorganizados, bem como todas as aprendizagens e recontratos que necessitam fazer para ocuparem um espaço de casal, de cônjuges. A energia do trabalho é de descoberta e crescimento.

- Estão envolvidos em autotransformação ou têm o intuito de melhorar a qualidade da relação e da vida – Nesse caso, o casal já passou ou está passando por dificuldades e sabe que a solução não é mágica, nem indolor, mas os parceiros acreditam que estão no mundo para ser felizes, para viver com qualidade e fazer diferença nos espaços que ocupam na família ou na sociedade, e querem isso. Independente do quanto precisam mudar ou aprender, a emoção que acompanha esse trabalho é de esperança e disposição.

➲ Pule dois itens.

6.23 Fim de caso

Uma pessoa que está no final de uma relação poderá usar esse momento como uma forma de conhecer mais sobre si mesma, fortalecer-se e aprender para continuar adiante e/ou para uma nova relação. Alguns passos são importantes nessa etapa.

- Lidar com a dor – Por pior que tenha sido o relacionamento, por mais dores que tenha causado, por mais cruel que o parceiro tenha sido, lidar com a dor da separação, no momento do rompimento, é necessário e terapêutico. É a dor do que poderia ter sido e não foi; é a dor das perdas que aconteceram, das pessoas com que não se vai mais ter um relacionamento. Enfrentar a dor das perdas, chorar (tanto concreta, como simbolicamente) por tudo o que perdeu no rompimento do relacionamento, prepara a pessoa para estar inteira, consigo mesma ou na próxima relação. Não importa se são perdas concretas, materiais, confessáveis ou se é a perda dos projetos, dos sonhos, das fantasias.

- Alegrar-se com o que a relação possibilitou – É importante olhar a relação que acabou, enxergando toda a aprendizagem que a pessoa, a relação, as dificuldades possibilitaram. Tudo o que aprendeu, todas as descobertas que teve sobre si mesmo podem ser integrados e ser motivos de crescimento e enriquecimento.

➲ Vá ao 6.26.

6.24 Bom divórcio

Pode-se dizer que um processo de divórcio nunca é indolor, mas é importante saber que pode acontecer sem guerras. As dificuldades de relacionamento, os problemas que se tem com o cônjuge serão os mesmos com os ex-maridos e ex-mulheres, com certeza. Os conteúdos mudarão, mas os padrões de relacionamento e de funcionamento serão iguais.

Num bom divórcio, todas as etapas fazem parte da possibilidade de construir uma nova relação, útil para todos. Ao invés de uma guerra sem vencedores, que deixará sequelas de feridas mal cicatrizadas, poderão estabelecer um processo de parceria na separação, em que um e outro farão concessões, sem a preocupação de se tornarem vencedores de vinganças mesquinhas.

Saber que a fase do divórcio definirá novas relações e que o padrão estabelecido nessa fase pode prejudicar os filhos e as novas relações, além de criar situações delicadas e insustentáveis, pode levar os ex-cônjuges a escolherem quais brigas valem a pena serem brigadas e o momento em que é mais funcional ceder, compreender e negociar amigavelmente.

Os primeiros tempos após o divórcio são os de maior carga de dificuldades porque as feridas ainda estão abertas. Nesse período, as maiores mudanças físicas se estabelecem e novas regras de convivência entre as pessoas próximas e periféricas são definidas. São muitas dores nessa fase: a dor do abandono, da culpa, do ressentimento, das perdas e invasões, do ódio, do desejo de vingança. O divórcio mexe com sentimentos de fracasso em relação a um projeto no qual se investiu muito. Cada um dos parceiros vai viver momentos dolorosos de medo, de solidão, de não poder mais compartilhar planos de futuro com o outro.

É importante que as pessoas vivenciem as emoções que estão sentindo, que tomem consciência delas e expressem suas dores. Dessa forma, passada a crise, vão poder reorganizar os sentimentos e reorganizar as relações; perceber que alguma coisa – por exemplo, o lugar de pai e de mãe – não fracassou e pode permanecer preservada, que seus filhos precisam deles e têm direito aos dois, que sua competência em exercer a maternidade e a paternidade está intacta. Tudo isso contribuiu para que o sentimento de fracasso no processo de divórcio seja mais tolerável.

O que faliu, na verdade, foram o projeto e o investimento na relação homem/mulher. A relação pai/mãe pode se modificar e, ao mesmo tempo, permanecer vigente e ativa como representante de todas as coisas boas vividas no passado; pode-se manter o respeito pela história de ambos. Assim, o que conquistaram juntos ganha dignidade e pode ser olhado com mais cuidado. Perceber essa competência vai ajudar bastante na travessia desse processo tão marcado por decepções.

Muitos são os fatores que alteram a natureza e a qualidade de uma separação. Objetivamente falando, é importante levar em conta a idade do casal na época do casamento e do divórcio, a duração da união, a idade e o número de filhos, a existência ou não de episódios de infidelidade e a situação financeira durante a convivência e após a separação. Entretanto, o que define a qualidade da separação é a qualidade da relação durante o casamento. Um bom casamento dará uma boa separação; um bom marido será um bom ex-marido; um bom pai será sempre bom pai, independente de estar casado com a mãe dos filhos ou não. O mesmo acontece com as mulheres e mães.

Um mau hábito dos casais em crise é usarem o filho como arma nos conflitos conjugais. O filho fica sem defesa alguma e sairá da situação perdendo dos dois lados. Daquele que o usa, pois é sinal de falta de respeito usar alguém, e daquele que foi o foco, pois corre o risco de ser retaliado por ele. Um casal funcional procurará resolver suas questões mantendo o amor e o respeito dos filhos pelos pais. O que está acabando é a relação conjugal; a relação paterno-filial permanece para sempre.

Quando o casal está passando por crises muito intensas, e os parceiros estão completamente envolvidos nelas, é de bom alvitre criar redes de apoio emocional para os filhos: atenção extra dos avós, conversa com professores e pedidos para a escola, facilitação do encontro com amigos, programas que realmente agradem e distraiam os filhos. Isso não significa fugir, esconder, evitar a crise, e sim aliviar o estresse dos filhos, os quais não estão no centro do conflito, mas não têm potência para sair do raio de ação dele, nem para encerrá-lo.

A importância dos conflitos conjugais no desencadeamento dos sintomas dos filhos é um dado sobre o qual não há mais dúvidas. As dificuldades e decepções conjugais vão, de alguma maneira, influenciar os filhos. Alguns aspectos importantes nessa questão são os descritos a seguir.

- A forma e o conteúdo nas influências prejudiciais aos filhos dependem das condições emocionais do casal e de cada um dos pais.

- Pessoas com autoestima reduzida fazem a escolha do cônjuge com o objetivo de conseguir melhorar sua autoestima.

- Quanto mais baixa for a sua autoestima, mais dificuldades a pessoa/o casal tem para aceitar suas diferenças e discordâncias.

- Casais funcionais discordam e negociam explicitamente; casais disfuncionais fazem demanda e acusações veladas, criticam e acusam sem explicitar seu desagrado ou desejo.

- Na maioria das vezes, desiludidos com o casamento, usam o filho como prova de seu valor e competência perante a sociedade e a família externa, como prova de que o filho gosta deles ou como concretização do que eles não puderam fazer.

Uma desculpa que muitos pais usam nas separações, e que acaba criando uma série de confusões, é o receio de que os filhos adoeçam ou sofram. Filhos sofrem com as dificuldades dos pais, estejam eles separados ou permaneçam casados. O que leva os filhos a fazerem sintomas (usar drogas, adoecerem, revoltarem-se) não é a separação dos pais, mas sim o padrão de funcionamento da família, a forma que os pais se relacionam entre si e com os filhos. Essa forma de relação é independente do fato de eles estarem separados ou de viverem juntos. Os filhos adoecem para ter pais, e não para unir um homem e uma mulher. Eles estão pedindo a função de pai e mãe, e não o retorno da conjugalidade.

Quando os pais se separam, os filhos terão que se adaptar a uma série de alterações e, se os pais estiverem atentos para serem adequados e não usarem seus filhos nas suas lutas pessoais, esses poderão ajudá-los a aprender com as novas circunstâncias.

Uma situação que acontece com frequência é a dificuldade dos filhos do casamento que se desfez para aceitar novas relações afetivas dos pais. Os pais necessitam de bom senso nessa hora. É importante: respeitar a dificuldade dos filhos, sem abrir mão das suas necessidades; não apressar ou forçar o contato da nova pessoa com os filhos resistentes; não cortar ou diminuir o tempo com os filhos a partir da entrada da nova pessoa; não esconder o envolvimento com outra pessoa; não abrir mão de nova relação afetiva para agradar os filhos.

⊃ Volte ao anterior.

6.25 Volta após separação

Muitas razões podem levar um casal a se separar. Algumas separações são pensadas e repensadas, e outras são impulsivas; algumas são infantis, e outras acontecem por desesperança.

Não importa quais foram a razão e a intenção da separação, se o casal resolve retomar a relação após um tempo de separação, tal momento é precioso para recontratos, autoconsciência e autodesenvolvimento.

Voltar a viver junto é uma oportunidade para atuar com novos comportamentos no padrão de funcionamento, de forma consistente e permanente, e não só na aparência, no entusiasmo, na fantasia e no impulso.

Quando trabalho com casais que estão retomando o relacionamento conjugal, tenho como foco as aprendizagens necessárias para que eles consigam fazer desse evento um exercício de desenvolvimento de consciência e de mudanças na relação.

Se eles estão separados e em dúvida se retomarão ou não a relação, uso os passos descritos a seguir para que trabalhem a volta.

a) Sobreviver bem a um final de semana sozinho – Esse item é relacionado com o treino de lidar com a solidão, com a dependência/independência, com a redescoberta de desejos, de interesses. A importância dessa experiência é poder voltar porque escolheu voltar, e não porque não consegue ficar só.

b) Planejar a volta – Desenvolver individualmente uma relação dos passos para voltar a viver junto. Isso é importante; muitas vezes, o casal simplesmente volta a viver junto, sem fazer o processo passo a passo. Planejar a volta e fazê-la gradativamente aumenta a consciência e a responsabilidade pela relação e pelos movimentos. A proposta é de avaliar o que é real, o que é teórico e o que é utopia nos seus desejos e planos, assim como as viabilidades e os riscos.

c) Negociar a volta – Isso implica em lidar com a relação em termos dos dados de realidade. Na pressa da volta, o risco está em aceitar aspectos inaceitáveis ou fazer de conta que os está aceitando. Avaliando todos os ângulos de perdas, desejos, dificuldades, o casal vai poder negociar as trocas, as concessões, os itens difíceis da relação.

d) Executar a volta – Assim como casar ou ir viver junto foi um ritual, a volta também pode ser. Não é necessário um ritual exterior, social, mas um ritual entre os parceiros. A partir dos passos planejados, a volta pode ser um momento de retomada, de recasamento, possibilitando uma nova escolha de contrato e experiências.

➲ Volte ao 6.16.

6.26 Recasamento

Ao iniciar um novo relacionamento, é necessária a recuperação em relação às perdas do primeiro casamento. É importante um "divórcio emocional" adequado para poder haver um comprometimento com o novo casamento e com a formação de uma família. Ao planejar o novo casamento e a nova família, é necessário aceitar os próprios medos e os do novo cônjuge, como também os medos dos filhos em relação ao recasamento e à formação de uma nova estrutura familiar. É indispensável aceitar a necessidade de tempo e paciência para o ajustamento às complexidades e ambiguidades de: múltiplos papéis novos, fronteiras, espaço, tempo, condição de fazer parte da família, autoridade, questões afetivas, culpa, conflitos de lealdade, mágoas passadas não resolvidas. As aprendizagens ainda incluem trabalhar a manutenção de relacionamentos financeiros e de copaternidade cooperativos com os ex-cônjuges.

Uma dificuldade comum nos recasamentos acontece quando um dos cônjuges está se casando pela primeira vez e tem a ilusão de que está começando uma família nova. Ao relacionar-se com alguém que já tem uma família anterior, entrar no novo casamento será sempre entrar em um sistema que já existe, que já tem suas regras, sua história. Muitos problemas poderão ser evitados se a pessoa que está entrando levar em conta tais fatos e procurar se organizar e administrá-los. Após anos tentando evitar a influência dos filhos e da ex-mulher do seu marido, uma moça confessou: "Só agora eu me dou conta de que eu não comprei um carro zero quilometro! Ele já tinha muita quilometragem e todos os desencadeantes de já ter rodado muito!"

➲ Vá ao 8.17.

6.27 O casal atual

Durante uma palestra, perguntaram-me sobre como seria um casal saudável na atualidade. Pensando no assunto, concluí escolhendo alguns pontos que vejo nas relações de casais que estão se formando com regras, valores e propostas funcionais.

- São casais que já ultrapassaram a fase do hiper-romantismo e veem o homem e a mulher como eles são, não em uma névoa ou em uma luz fantasiosa de como gostariam que fosse.
- Não procuram o outro a fim de se completar. Eles têm confiança na sua capacidade de sobreviver com dignidade, com ou sem um parceiro.
- Não entendem a igualdade como no início da revolução sexual, no sentido da mulher copiar ou de adotar atitudes masculinas. Sabem preservar sua feminilidade/masculinidade e sabem como criar momentos românticos,

embora não façam disso o aspecto mais importante da relação. Gostam de viver uma lua-de-mel, mas têm plena consciência de que, na vida, tem hora para tudo.

- Combinam amor erótico com amizade, e essa combinação é um dos objetivos fundamentais da relação.
- Acreditam que sua sustentação vem de uma fonte pessoal, de satisfação interior, na qual o amor da outra pessoa é a cobertura, não o bolo. Preocupam-se em dar coisas a si mesmas, sem depender tanto de um parceiro para ficar de bem com a vida.
- Sem idealizações exageradas, têm uma característica especial: oferecem-se para ajudar quando as coisas vão mal, são amigos não só nos dias de sol, mas também quando começam as trovoadas e as tempestades.
- Têm uma grande "elasticidade emocional", uma grande capacidade de recuperar o equilíbrio rapidamente, adaptar-se e encarar o problema de frente.
- Usam uma característica importante que é a intuição. Intuição é um conhecimento que vem do subconsciente e auxilia nas horas de decisões ou impasses.
- Sabem usar a criatividade, que é a capacidade de imaginar alguma coisa nova ou diferente, mas com os ingredientes certos. É uma ideia fora do comum que funciona.
- Fazem mais do que apenas lidar com as dificuldades do amor, da vida a dois; eles se fortalecem através delas, abrindo mão da magia em troca do real.
- Podem vencer no amor, aprendendo com os erros que cometem.
- Sabem que as relações saudáveis sobrevivem apenas com muita dedicação. O amor exige esforço, e ir à luta é sempre uma possibilidade.

➲ Volte ao 6.12.

7. Ninho vazio: entre a frustração e o desafio

Num paralelo com o que acontece aos pássaros quando os filhotes voam do ninho e não voltam, pois irão viver em outras paragens, essa etapa de vida familiar põe em xeque a qualidade emocional dos pais e a qualidade da relação do casal. Muito se têm escrito e discutido sobre os sintomas que acometem essa fase: depressão, alcoolismo, separação, doenças físicas, obsessões.

Essa "síndrome do ninho vazio" pode ser evitada; entretanto, pode ser usada como um novo enriquecimento da relação dos parceiros e como uma fase de reestruturação das questões individuais.

A prevenção das possíveis dificuldades nesse período da vida inicia-se quando os parceiros se casam. Se eles definirem que os filhos serão o foco do casamento, devem se organizar desde o início para o momento em que não tiverem mais os filhos precisando deles. Se, por outro lado, filhos forem um dos componentes das suas vidas, eles podem se estruturar de forma que suas vidas sejam enriquecidas com muitos aspectos e as crises da meia-idade e velhice possam ser minimizadas.

O casal, nesta fase do "ninho vazio", vai precisar lidar com questões que são muito sérias. Entre elas, estão as citadas a seguir.

- Tudo que foi deixado "em baixo do tapete" retorna – Por questões de dificuldade em lidar com as diferenças e com os desencontros, os parceiros vão deixando coisas sem falar, vão deixando mágoas serem guardadas, desejos serem abandonados. Por falta de tempo, por excesso de tarefas, por foco em outras necessidades, pela preocupação com filhos, carreira e dinheiro, as dores, os desencantos, as carências vão sendo mantidas num nível de inconsciência ou subconsciência. No momento em que essas tarefas e preocupações deixam de ser o centro das suas vidas, todos esses assuntos e sentimentos voltam à consciência, muitas vezes com a mesma ou maior intensidade.

- O produto não saiu de acordo com o projeto – Muitos dos projetos de vida que tiveram, individualmente ou como casal, não alcançaram o final desejado; os filhos não realizam o que eles desejavam; ao alcançar determinados fins, tiveram perdas importantes. A desproporção entre o esperado e o conseguido acarreta frustrações que amarguram a vida dos parceiros.

- Solidão e abandono expressam a frustração com o descuido dos filhos – Os filhos, por inúmeras razões, não dão aos pais o contato, o respaldo, o cuidado e a gratidão que eles intimamente desejavam e acreditavam que mereciam. Esses fatos desencadeiam sentimentos de mágoa, solidão, abandono que encobrem a frustração, a raiva e tiram a energia dos pais para procurarem outros envolvimentos e motivos de troca de afeto e relacionamento.

Não existe mágica para resolver as dificuldades, mas não há dúvida de que a tarefa é **voltar a ser casal**. Muitos aspectos de voltar a ser casal podem e devem ser retomados, mas os mais importantes são os citados a seguir.

- Retomar o que foi desejado e não pode ser feito – Se o casal puder rever seus projetos, seus sonhos, seus desejos, aqueles que a vida e outras condições impediram de concretizar, poderão atualizá-los e avaliar quais podem ser retomados, quais podem ser reformados.

- Aprender o que não aprenderam antes – No excesso de atividades e responsabilidades, não se dá atenção às aprendizagens que podem ser feitas junto com o outro ou que um pode ter com as características e o funcionamento do outro. Na maioria das vezes, cada pessoa se prende na queixa do que é desagradável e não faz bom uso disso para desenvolver conhecimentos e aprendizagens. A fase de "ninho vazio" possibilita retomar tais questões junto com o desejo, o tempo e a disponibilidade para aprimorar e aprender.

- Retomar o espaço de intimidade, sob os mais variados ângulos: sexual, de partilha, de companhia – Nessa fase, o casal pode retomar ou desencadear uma intimidade de parceiros que dará novo ânimo, nova perspectiva para suas vidas.

Duas questões podem tornar esse momento mais difícil e doloroso, como está descrito a seguir.

- A perda da função com os filhos – Eles não precisam mais das funções de nutrição, orientação, cuidados que antes davam razão à vida dos pais, e também não desenvolveram ou não têm condições de desenvolver um novo tipo de relação pais/filhos, funcional e prazerosa. Os pais, por outro lado, não desenvolveram outros interesses, focos e não têm energia, crença ou valores que permitam começar agora a direcionar para si o foco e a energia de suas vidas.

- O fato de não existir função de casal para ser retomada – Um casal que deixou completamente de lado suas funções de casal, sua intimidade, o carinho, o afeto e os cuidados de homem e mulher, e que isso esteja agravado por mágoas, infidelidades e traições, desesperança, vinganças e ressentimentos, não terá expectativa de adquirir junto razões e interesses para seguir na direção de novas descobertas e experiências.

A melhor forma de lidar com a "síndrome do ninho vazio" é tomando alguns cuidados desde o início da relação, tais como os citados a seguir.

- Manter espaço individual e de casal – O casal estará prevenindo as dificuldades futuras se, desde o início da união, os parceiros conseguirem manter atividades, interesses e relações individuais e pessoais. Ao terem filhos, precisam preservar o espaço, físico e emocional, bem como atividades e interesses particulares do casal, sem a participação e interferência dos filhos. Se mantiverem esses espaços, ao chegarem à fase em que voltarão a estar sozinhos, já terão o hábito, os compromissos e os prazeres individuais e de casal.

- Manter a intimidade, a cumplicidade, a sexualidade, os projetos – O casal que se esforça e propõe-se a manter e desenvolver a vida íntima de casal não terá dificuldade em aquecê-la ou enriquecê-la nessa fase. O exercício constante e persistente em manter a sexualidade como um foco de prazer, aprendizagens e cumplicidade, apesar dos altos e baixos da vida em comum, será recompensado nessa fase. O desenvolvimento e a execução de projetos comuns, materiais ou de outras áreas, mantêm o casal com um nível de ligação e de afeto que torna a relação íntima e funcional.

Para que a tarefa de recuperação e de bom uso dessa fase possa acontecer, alguns componentes emocionais e relacionais são necessários. Entre eles, estão os citados a seguir.

Ter esperança – Sem ela, não dá para acreditar na melhoria, na possibilidade, na conquista; além disso, não dá para ter a persistência e a coragem necessárias.

- Ter disponibilidade – Significa que os parceiros dedicarão tempo, energia, afeto, desejo e vontade para fazer esse investimento.
- Ter confiança nas boas intenções do parceiro – Acreditar que o parceiro está também disponível, envolvido e interessado no processo.
- Saber que podem ainda refazer seu projeto de vida – Estar certo de que ainda dá tempo para começar novos projetos com possibilidades de concretizá-los.
- Acreditar que é possível a "limpeza" do que atrapalhou – Tendo como verdadeira a possibilidade de curar as mágoas, as tristezas, os mal-entendidos que deixaram marcas na relação, terão a energia necessária para esforçar-se a fim de executar essa liberação.

A agilização desse processo pressupõe tarefas individuais, tarefas como casal e tarefas como pais. Algumas possibilidades de trabalho estão descritas a seguir.

Individualmente

- Retomar o projeto de vida que tinha na adolescência.
- Avaliar o que alcançou, o que deixou de ser importante e o que deixou de lado, mas ainda desejava.
- Analisar o que gostaria que mudasse na sua vida.
- Definir as aprendizagens que precisa fazer.
- Implementar a execução desses itens.

Como casal

- Avaliar, de forma realista, o que aprenderam, cada um com seu parceiro, o que poderia ter sido aprendido e não o foi, quais são os elementos que lhes impediram de aprender.
- Analisar de que forma ainda podem ter essas aprendizagens.
- Avaliar o que poderia ter sido feito para terem uma vida mais saudável e funcional, o que os impediu de fazer.
- Definir o que precisam aprender para retomarem uma vida de casal funcional.

Como pais

- Avaliar o que, no desenvolvimento da sua função parental, poderia ter sido mais funcional.
- Analisar o que disso poderia atrapalhar as relações hoje.
- Implementar sua relação com seus filhos de forma a ter aconchego afetivo; acompanhar o desenvolvimento de filhos e próximas gerações; enriquecer a relação com os filhos, tendo trocas, envolvimento e respeito.

➲ Volte ao 5.4.

8. Melhoria na qualidade da relação

Manter uma relação estável, amorosa, circulante, prazerosa, íntima, com aprendizagens e crescimento é uma árdua tarefa. Se ela for desempenhada pelos dois parceiros terá mais chance de êxito.

Não existe receita para manter um casamento ou uma parceria feliz. Mesmo que existisse, não daria certo, pois as receitas são dadas sob determinados ângulos, e muita coisa muda quando são postas em prática. Ao se fazer algo numa relação, o que realmente conta são as nuanças energéticas e emocionais da ação. Muitas vezes, o que está subliminar conta mais do que aquilo que está explícito. Por essa razão, mais importante do que **o quê** se deve fazer, é o **como** se faz; é isso que determina a eficácia ou não do comportamento. Por exemplo, fazer um elogio sem o desejo interno de elogiar será recebido com uma mensagem dupla, será registrada a confusão, e não o elogio. Além disso, os atos são realizados num contexto que tem seus próprios motivos e depende das intenções, dos valores, das dificuldades e do padrão de funcionamento do sistema e de cada um dos seus integrantes. Por essas razões, cada casal terá de criar sua própria receita para ter um bom relacionamento, usando as informações que tem.

Apesar dessas dificuldades, existem propostas e posturas que podem ajudar.

➲ Volte ao 6.6.

8.1 Manejo dos problemas

Ao lidar com as questões relacionais, é de grande ajuda uma clarificação teórica sobre a diferença entre dificuldades e problemas.[10]

Uma **dificuldade** é um estado de coisas indesejáveis. As soluções para as dificuldades são o uso de medidas de bom senso ou a constatação de que não há uma solução conhecida.

Um **problema** surge quando impasses e "becos sem saída" são criados e mantidos pelas soluções inadequadas dadas às dificuldades. Na maioria das vezes, essa transformação das dificuldades em problemas se dá pelo fato de não se levar em conta o contexto no qual a dificuldade apareceu.

Alguns cuidados são importantes na forma de lidar com dificuldades/problemas, tais como os citados a seguir.

- Conversar continuamente sobre os problemas. Tentar não falar a respeito faz com que irrompam, esporadicamente, discussões acaloradas sobre a questão.
- Contar com o reaparecimento do problema e planejar levando em conta o seu ressurgimento, em vez de simplesmente esperar que ele não torne a acontecer.
- Usar o problema de forma construtiva, em vez de, simplesmente, procurar suportá-lo.

➲ Vá ao próximo item.

---

[10] WATZLAWICK, P.; WEAKLAND, J. FISCH, R. **Mudança**. Princípios de formação e resolução de problemas. São Paulo: Cultrix, 1977. p. 52.

8.2 Prevenção dos problemas

Quando surge uma dificuldade ou um problema, o casal não tem energia, tempo, disponibilidade para lembrar e organizar tudo o que sabe sobre problemas e soluções.

Uma forma de criar um clima ameno, que pode ser reativado após a crise, é estabelecer uma rotina de exercícios e experiências entre o casal. É possível prevenir as dificuldades através de novos comportamentos.

Alguns exercícios simples para se treinar diariamente podem reativar a afetividade e a amorosidade nas relações conjugais. A meta é começar a relacionar-se diretamente com o outro, de uma maneira positiva, real e nova. Não são exercícios para serem feitos artificialmente, mas são contatos para serem vivenciados. São exemplos de atos simples que, se forem feitos com intenção de alimentar a relação, podem ser inseridos nas atividades e rotinas do dia a dia.

- Olhar para o outro – Olhar no olho, olhar por olhar, olhar o corpo, os gestos, as nuanças do outro. Olhar descobrindo novos ângulos, relacionando sinais, emoções, situações.

- Sentir o rosto – Tocar o rosto do outro; ir não só tocando, conhecendo sinais, reconhecendo marcas, descobrindo, mas também passando mensagens, dando mais um carinho.

- Fazer algo junto – Tanto tarefas e atividades específicas, como experiências prazerosas, coisas não tão significativas como navegar na internet, ler o mesmo livro, arrumar fotos.

- Olhar a si mesmos – Olhar os dois juntos, nos espelhos, nas vitrines, nas fotos, e descobrir ângulos, ver sinais.

- Aprender a expressar o negativo – Treinar novas formas de falar sobre o que não gosta, o que lhe desagradou; descobrir jeitos de se expressar, linguagens novas, outras formas que criem novas pautas de relação, que sejam positivas mesmo ao expressar pontos negativos.
- Pensar no lado positivo – Treinar para olhar o aspecto positivo de todas as situações, enxergar o que poderia aprender/ensinar em cada experiência.
- Preparar o encontro – Transformar os encontros diários numa possibilidade de afeto e de prazer; programar pequenas surpresas e situações de bem-estar para os encontros rotineiros.
- Analisar o que falta no casamento – Enxergar o que faz falta no relacionamento, sem exigências ou frustrações, mas com a intenção de ver como poderia acrescentar o que está faltando.
- Dar-se as mãos – Aproveitar todas as oportunidades para ficar de mãos dadas, tocar as mãos, acariciá-las.
- Deixar claro o que espera do outro – Saber o que espera do outro, avaliando se são expectativas reais ou não, descobrindo como pode desencadear e conseguir o que deseja que aconteça.

⊃ Vá ao 8.8.

8.3 Fuga do que já sabe que não resolve

O ser humano tem uma compulsão à repetição, principalmente quando se encontra tomado por sentimentos intensos. Nos problemas conjugais não será diferente; uma das providências importantes é tomar contato com tudo que já se fez para resolver o problema e que não deu certo, evitando refazer o mesmo caminho.

Existem alguns mecanismos que são responsáveis pela criação de problemas.[11] Conhecê-los é uma boa forma de evitá-los.

- Uso do mesmo remédio em maior dose ou quando a solução vira problema – Isso acontece quando se repetem os meios de resolver a questão; ao invés de resolvê-la, esses meios criam outros problemas. O remédio seria esforçar-se menos, pois o esforço de resolver piora a situação. Um exemplo é a tentativa de explicar por que está querendo explicar seus motivos. Essa insistência só vai aumentar as reações do outro em não querer ouvir as explicações.

- Simplificação ou negação do problema – Significa agir como se não houvesse problemas. Com isso, não se dá atenção ao que precisa ser corrigido ou mudado. Durante décadas, uma mulher pensava e dizia que seu marido era muito nervoso; na verdade, ela não via que ele era um alcoólatra.

- Tentativas para encontrar soluções onde não existe solução – Gastam-se tempo e energia planejando ou criando soluções que, na realidade, não vão acontecer, são inviáveis ou irreais. Todas as vezes que eu questionava um casal sobre as dificuldades de relacionamento da mulher com sua sogra, ele dizia, e ela não discordava, que tudo se resolveria quando a confeitaria fosse comprada, ela fosse trabalhar e pudessem sair da casa da mãe dele. Um dia, parei a explicação e perguntei sobre quando, afinal, isso aconteceria. Para minha

---

[11] WATZLAWICK, P.; WEAKLAND, J. FISCH, R. **Mudança**. Princípios de formação e resolução de problemas. São Paulo: Cultrix, 1977. p. 45-53.

surpresa, responderam: "Algum dia." Eu levei alguns minutos para entender que era um plano vago, e não um projeto ou investimento em curso.

- Paradoxos ou ordens e propostas paradoxais - Cria-se uma situação de impasse que só piora o arranjo e impede a mudança ou correção do problema. "Vou junto com ele à festa de sua família e vou me esforçar para mostrar que não devo ir a tais festas, pois é impossível conviver com sua família."

➲ Volte ao 6.14.

8.4 Pré e pós-briga

Evitar brigas é difícil. Sempre haverá alguma coisa que fará um dos parceiros explodir. Portanto, em vez de se dedicar inteiramente a evitar as brigas, é possível desenvolver a habilidade de se recobrar e mesmo de tirar proveito delas. Isso pode ser feito através de conversas sobre as brigas, quando não há sinais de que elas possam acontecer, sobre o que as desencadeia, sobre quais são os medos e riscos, os pontos fracos e fortes de cada um dos parceiros numa briga, sobre outros itens que mapeiem a forma das brigas e as situações em que ocorrem. Nessas conversas, antes das brigas, é possível adquirir instrumentos para cada um poder se acalmar e voltar ao bom relacionamento quando elas acontecerem. Outra forma é juntar-se ao parceiro mais tarde, depois que passou a emoção da briga, para conversarem a respeito.

O conhecimento de que cada um pode cometer erros e ter descontroles vai ajudar o casal a se empenhar para se recuperar deles. Isso pode ser feito através da familiarização com o modo como os dois cometem erros e com os efeitos que os mesmos produzem. Após cada briga, quando baixar a poeira, os dois devem sentar-se para conversar e entender o que aconteceu. Assim, cada briga servirá para terem mais conhecimento sobre si e sobre o outro, além de terem maior possibilidade de controle a fim de evitar brigas estéreis.

Uma boa forma de lidar com a inevitabilidade das brigas é usar uma compreensão sistêmica das recaídas.[12]

Esta "teoria das recaídas" serve como auxiliar na prevenção e administração das brigas, pois ajuda os envolvidos a lidarem com a situação paradoxal das melhoras e das pioras dentro do processo de autocontrole.

As recaídas são inevitáveis, desejáveis, administráveis, "preveníveis" (passíveis de serem descobertas com antecedência e evitadas).

- São inevitáveis porque a natureza, a vida, é pulsátil, abre-fecha, começa-termina, sobe-desce, contrai-expande. Tem um movimento inevitável: sempre vai haver uma recaída, uma volta ao estágio anterior, nas aprendizagens, nos sintomas, nos controles, em tudo.
- São desejáveis porque só através das recaídas podem-se avaliar o processo e os progressos; é possível ficar sabendo o que já está consolidado e o que merece mais cuidado, mais treino, mais esforço.
- São administráveis. As formas de se administrarem recaídas são as descritas a seguir.

    a) Saber dessa teorização.

    b) Ao se perceber em recaída, olhar para frente (ver o caminho que se tem para fazer, o processo) e para cima (ver o fato como algo do processo, um item que faz parte, que é da evolução).

---

[12] ROSSET, S. M. **Izabel Augusta**: a família como caminho. Curitiba, 2001. p. 107.

c) Evitar olhar para trás (como se tivesse voltado ao começo, numa regressão sem saída) e para baixo (ver o fato como incapacidade, incompetência, má vontade, falta de saída).

- São "preveníveis". Após tomar consciência dos comportamentos e padrões, bem como treinar a administração das recaídas, seus sinais vão sendo percebidos. Conforme os sinais são identificados, as coisas e situações são modificadas de forma a evitar ou retardar a recaída.

➲ Volte ao 8.1.

8.5 Brigas produtivas

Como as brigas são inevitáveis, o casal pode treinar a fim de buscar uma forma mais adequada para elas. Um casal que eu conheci se propôs a fazer uma relação de itens que ajudaria a brigarem melhor, ou seja, sem destruição e o mais rápido possível. Após as brigas, depois que voltavam ao humor adequado, avaliavam a qualidade da briga e anotavam num caderno. Aos poucos, foram fazendo um relatório sobre a qualidade das suas brigas.

A lista deles era mais ou menos como a descrita a seguir.

- Não faça perguntas usando "por quê" – Perguntar o porquê significa censurar, e censurar não ajuda nada.

- Procure ater-se a um tema – Na hora da briga, é comum lembrar de outros temas que também estão atrapalhando; isso tira o foco e a estruturação do tema que está em discussão.

- Não se atole em questões irrelevantes – Não gaste energia em questões que não são diretamente ligadas ao assunto ou importantes para a questão.
- Não traga à tona assuntos do passado – O problema é o que está acontecendo agora, e não o que poderia ou não ter acontecido em outros tempos.
- Não insulte, nem rotule – Isso não acrescenta nada de positivo e só deixa o outro zangado.
- Não faça afirmações usando "você" – Declarações como "Você sempre se irrita com qualquer coisa." são acusações. Em vez disso, diga como se sente.
- Não diga "sempre" ou "nunca" – Tais exageros só fazem provocar o outro.
- Não interrompa – Dê à outra pessoa a chance de terminar.

➲ Volte ao anterior.

8.6 Aumento da união

Algumas buscas, especialmente se forem feitas em conjunto pelo casal, podem melhorar a qualidade da relação. Algumas ações que podem aumentar a união de um par são descritas a seguir.

- Buscar um sentimento de melhor qualidade – Aprender a abrir-se para o parceiro, buscando uma afetividade cada vez mais profunda e verdadeira.
- Aprender a comunicar-se – Treinar em conjunto uma melhor clareza na comunicação, através da boa intenção e do uso de técnicas e exercícios.
- Dar atenção ao que o outro quer, bem como aos pequenos sinais que o outro emite.

- Esforçar-se para ter persistência e não desistir nas recaídas e dificuldades.
- Pensar no outro, sem pré-conceitos, procurando vê-lo da forma como ele se vê.
- Estar disponível, concreta e energeticamente, para se relacionar, para aprender, para conversar.
- Esforçar-se para enxergar o seu padrão de funcionamento e o padrão do casal.
- Ter confiança no outro e na força do processo.
- Desejar ser feliz junto – O casal precisa crer que cada um pode ser feliz e desejar isso.
- Ser prático – Não desperdiçar energia e tempo com ideias que se perdem ou planos impossíveis. Organizar propostas em curto prazo e com metas fáceis de serem alcançadas.

↪ Vá ao próximo item.

8.7 Vacinas contra a rotina

A rotina é algo perigoso num relacionamento, pela facilidade com que ela se instala e por ser extremamente cômoda. Por comodidade, sacrificamos o melhor de uma relação – a vida, o desconhecido, novas descobertas, inclusive as dificuldades. Em pouco tempo, confunde-se a pessoa com a rotina, e já não existe mais a pessoa.

Quebrar a rotina no relacionamento implica ter coragem e esperança. Coragem para desafiar o que não está muito ruim e desestruturar, desorganizar o bem-estar, precário e medíocre, mas apaziguador. Esperança de que, no final, a vida será mais prazerosa, mais viva, mais encantadora e que, juntos, os parceiros irão descobrir novos ângulos de cada um.

- É importante compreender que o casal necessita, de vez em quando, sair de seus hábitos, de sua rotina; sair para jantar, ir ao cinema, ir passear ou ir a um espetáculo; enfim, fazer juntos algo de que gostam.
- Também é necessário lembrar de fazer algo simples pelo outro: comprar uma rosa ou uma revista de mecânica; lembrar de algo visto ou lido que poderia interessar para comentar depois. Realizar um pequeno gesto é uma constatação de que pensa no outro.
- É muito importante a expressão do sentimento para com o outro. Quando isso é feito de maneira automática – um beijinho seco e ausente – aquele que o recebe não pode sentir-se satisfeito, nem amado. Então, é importante ter cuidado em como se despede e em como volta para o outro. A gentileza na expressão do afeto cria sempre novas formas de sair do esperado.
- Todos os dias, quando faltarem alguns minutos para chegar em casa ou para que seu par chegue, pensar no outro com ternura, voluntariamente. Esquecer o que não lhe agrada e descobrir um ângulo novo e agradável.
- Não é o bastante saber que você gosta de alguém. Essa pessoa necessita ouvi-lo dizer isso, afirmar, sussurrar, cantar todos os dias, de maneiras diferentes.
- Preparar-se quando tiver que falar de algo desagradável ou difícil, fazer recriminações, comentar o que viu ou sentiu. Organizar-se, ficar tranquilo e ser o mais objetivo possível para expressar suas divergências, mas com carinho e respeito para com o outro. Evitar falar no momento em que algo acontece; esperar um tempo para fazê-lo.

- Cuidar da imagem que mostra para o parceiro. Não importa o tempo que um casal está junto, ninguém deve permitir-se um desleixo na aparência. Essas imagens ficam e separam.

- Quando há filhos, trabalhem os dois pais fora de casa ou não, é um bom cuidado organizarem-se para que, ao chegar em casa, as crianças estejam prontas a fim de que o casal possa com elas compartilhar os momentos deliciosos que todos almejam e necessitam. Esse dar de si mesmo aos filhos é importante para ambas as partes; porém, se tudo não estiver preparado de antemão, demasiadas coisas se interpõem, e ninguém terá a coragem ou a energia necessárias para esse momento de união.

- Outra coisa muito importante para o equilíbrio do casal é que cada um tenha um interesse pessoal em algo diferente. É importante por ser algo criativo e tirar cada um de sua rotina diária.

➲ Volte ao 3.

8.8 Fuga do "jogo do sem fim"

Existe uma definição de uma situação relacional chamada de "jogo do sem fim"[13], que é responsável pela manutenção compulsiva de muitas dificuldades entre os casais.

Esse padrão relacional se caracteriza por:

- não poder gerar, em seu próprio sistema, as condições necessárias às mudanças;

---

[13] WATZLAWICK, P.; WEAKLAND, J. FISCH, R. **Mudança**. Princípios de formação e resolução de problemas. São Paulo: Cultrix, 1977. p. 37.

- não poder produzir leis que regulem a mudança das suas próprias leis;
- não ter a regra para encerrar o "jogo".

Isso significa que é um círculo vicioso disfuncional, em que cada movimento de um dos participantes prende o outro no jogo. A cada lance, fica-se esperando que algo aconteça para mudar o jogo ou que o parceiro faça mudanças. Porém, nada disso acontece.

Um casal tinha uma briga repetitiva e circular. Toda vez que a mulher tentava explicar suas dificuldades para gostar ou sentir-se bem na família do marido, ele fazia algum comentário sobre a participação dela nos encontros familiares. Ela se sentia muito incomodada e não conseguia se conter; então, começava a justificar suas razões; quando menos esperava, estava apontando as dificuldades das cunhadas, criticando e atacando. Se conversassem sobre o padrão através do qual eles desencadeiam esse assunto, e não sobre os encontros e dificuldades familiares, talvez pudessem mudar isso. Quem sabe um deles pudesse encerrar o jogo, mudando sua própria atuação.

Para encerrar o jogo, teriam que sair do sistema e metacomunicar, ou seja, conversar sobre o padrão do jogo e criar as regras do encerramento, negociando alguns acordos.

Quando um par está acorrentado nesse jogo sem saídas, qualquer um dos parceiros pode fazer tal encerramento e começar outro padrão relacional. No entanto, nada de diferente acontecerá se cada um ficar esperando que o outro faça o movimento de encerrar.

➲ Volte ao 2.

8.9 Desejo de justiça

Algumas formas de lidar com os conflitos e dificuldades na relação acabam se transformando em impedimentos para um relacionamento estável e prazeroso.

Uma das mais desastrosas é a postura de aferrar-se nas discussões e desentendimentos, mantendo o argumento de que algo não é **justo**. As pessoas que se prendem à justiça dos fatos e comportamentos, irritam-se muito quando se sentem injustiçadas e ficam presas na argumentação, na acusação. Isso não levará a um ponto de consenso, pois toda argumentação dará provas para o outro participante de que não está havendo justiça consigo mesmo. Tal situação acontece porque a **justiça** – assim como o **certo**, a **verdade** – só o é, ou deixará de ser, dependendo do ângulo de quem olha, da pessoa que olha e das circunstâncias e do contexto que envolvem o que está acontecendo.

Para evitar essas armadilhas – de que algo é justo, certo, ou verdadeiro – é melhor rever o contrato que fizeram (explícito) ou têm (implícito) nas situações. Se algo não agrada a um dos envolvidos, ao invés de se perder na argumentação, vale a pena explicitar seu incômodo, seu desejo e refazer ou explicitar o contrato.

⊃ Volte ao 6.10.

8.10 Boa intenção X Coisas que não se devem dizer

Muitas dificuldades relacionais poderiam ser evitadas se os envolvidos avaliassem, criteriosamente, os atos que realizam em nome da "boa intenção".

Muitas pessoas usam a explicação da sua sinceridade, da sua boa intenção, do que julgam ser verdade para justificar o fato de dizerem coisas para seus parceiros que, na melhor das avaliações, carecem de compaixão.

Numa relação funcional, nem sempre, em todos os momentos, tudo deve ser dito. Conter uma fala, para não magoar o parceiro, muitas vezes garante a amorosidade e a intimidade no relacionamento.

Um dos cuidados importantes é não aproveitar um mau momento para colocar conteúdos que podem magoar. Tudo o que deve ser dito, caso precise mesmo ser dito, pode esperar uma hora melhor.

Sem preocupação com os sentimentos do noivo, uma moça falava sobre suas relações amorosas anteriores, inclusive sobre suas questões sexuais. Quando apontei que achava aqueles assuntos desnecessários, ela argumentou que eram situações verdadeiras e que via muitos motivos para falar. Eu retruquei, dizendo que achava pouco delicado e gentil com seu noivo. Ao ouvir isso, o rapaz desabafou e disse que se sentia muito mal: comparado, desqualificado, sem poder reclamar. Para ela, foi uma surpresa, pois nunca se preocupara com o que ele poderia sentir com aqueles "dados de realidade".

Uma mulher me contou que sempre achara que seu pai fora muito importante para ela e lhe ensinara coisas úteis e necessárias. Após uma avaliação sobre sua vida, percebeu, entristecida e desesperançada, que tais ensinamentos não garantiram que ela, agora aos 50 anos, tivesse alguma estabilidade econômica ou profissional. O marido, ao ouvir seu relato dolorido sobre essa reflexão, não se conteve: "Eu também acho que ele foi um infeliz; fez você acreditar em valores que não ajudaram em nada." Ela não sabia dizer o que doía mais: se as descobertas sobre seu pai ou a falta de compaixão do marido.

➲ Volte ao anterior.

8.11 Um bom contrato

Quando um casal inicia uma relação, vai contratando as formas de se relacionar e as regras dessa relação. Esse acerto vai sendo feito no desenrolar do relacionamento. Alguns itens são intencionais, outros vão surgindo de acordo com as situações; alguns são formalmente contratados, outros são subliminares e implícitos.

O fato de que a maioria dos contratos entre o casal é implícita impede que os incômodos e quebras de contrato sejam colocados e os ajustes sejam renegociados.

Um casal saudável tem contratos concretos e explícitos e se esforça para elucidar e transformar os acordos implícitos, velados, não comunicados, assim que são percebidos.

Um bom contrato explicita o que deve acontecer, como deve acontecer, quando deve acontecer, como os envolvidos devem se comportar, o que acontecerá se uma das partes quebrar as regras e, principalmente, como podem avaliar o contrato.

À primeira vista, pode parecer impossível colocar esses itens num contrato relacional entre parceiros conjugais, mas aqueles que tentam fazê-lo têm relatos de como as dificuldades podem ser evitadas ou negociadas a partir de um contrato mais consciente.

➲ Volte ao 6.18.

8.12 Bom humor

Falando sobre sua relação, uma pessoa disse: "Em certos momentos, o que nos salvou não foi o amor, mas o bom humor!" O bom humor é uma qualidade atraente e uma atitude sábia.

As pesquisas mostram que alegria, risadas e brincadeiras estimulam a liberação de substâncias químicas, como endorfinas e adrenalina, que aumentam a sensação de bem-estar, de energia e abrem caminho para ideias e decisões mais criativas, além de melhorar a autoestima, a saúde e os relacionamentos.

A risada liberta a tensão interna e a tensão interpessoal, além de relaxar a musculatura do rosto e alegrar o olhar e a expressão.

Vale a pena, no dia a dia, usar estratégias que facilitem o exercício do bom humor. Por exemplo: pendurar na parede ou deixar à vista fotos pessoais ou do casal em situações que foram engraçadas, bem humoradas ou que lembram bons momentos; pendurar tiras de quadrinhos favoritas ou que mostrem aspectos humorados e leves da vida pessoal e conjugal; rabiscar no espaço do casal citações engraçadas ou que estimulem a veia cômica do casal.

Ter senso de humor pressupõe ter humildade, não se levar muito a sério, não trilhar o caminho da perfeição e das certezas; é acrescentar generosidade, doçura e compaixão nas relações.

O importante, porém, é não confundir humor com ironia. A ironia não é uma virtude, mas sim uma arma; é o riso mau, sarcástico, destruidor, o riso que fere. Por sua vez, o humor transmuta a tristeza em alegria, a desilusão em comicidade, o desespero em esperança, desarma a seriedade e o ressentimento.

➲ Volte ao 6.27.

8.13 Capacidade de perdão

É uma das características do amadurecimento, responsável por boas qualidades de um relacionamento.

Perdoar não é uma questão simples ou fácil; para conseguir isso, é necessário acabar com as idealizações que se tem do parceiro. As idealizações levam a esperar comportamentos do parceiro que ele não tem condições de ter; isso desencadeia mágoas e tristezas que impedem o treino do perdão.

O perdão envolve um processo que pressupõe deixar passar um tempo para que as feridas se fechem e para que haja uma adaptação de um com o outro e suas imperfeições.

➲ Pule um item.

8.14 Respeito à autonomia do outro

Respeitar a autonomia do parceiro significa que ele pode continuar sendo quem é, sem que isso traga perigo à relação.

Aceitar que o outro mantenha suas ideias, seus valores, suas manias, sem desqualificá-las, mas aceitando que o outro é diferente e tem todo o direito de ser assim. Essa compreensão é uma das características responsáveis pela harmonia da relação.

Um relacionamento que possibilita o respeito à autonomia de seus membros será, certamente, uma experiência de crescimento e aprendizagens.

➲ Volte ao 6.7.

8.15 Abraço

A força curativa do abraço já foi muito estudada e definida como uma das formas de resolver questões difíceis numa relação, de trocar afeto, de pedir perdão e perdoar, de passar mensagens sem precisar falar, entre outras.

Entre os casais, essas possibilidades podem ser muito ampliadas se forem postas em prática com o coração aberto e a intenção amorosa.

Não se pode esquecer: tão importante quanto o ato de abraçar é a qualidade do abraço. Já vi muitos casais perderem a oportunidade de corrigir suas dificuldades por não se darem conta de que estavam abraçando automaticamente, sem usufruírem a potência reorganizadora que o abraço tem.

Há muitos anos, atendi um casal que, apesar de vir para a terapia, não tinha esperança de que pudesse resolver suas questões e curar suas feridas. Tudo era muito difícil, e todas as tentativas terapêuticas eram neutralizadas. Eu já estava desistindo da minha crença de que teria uma saída saudável. Um dia, tive a ideia de sugerir que, apesar das dificuldades, e mesmo sem a intenção de resolver as questões, eles começassem a se abraçar. Sem outras intenções, só se abraçar. A ideia não foi aceita de imediato; porém, na sessão seguinte, a esposa relatou que havia decidido experimentar, mesmo sem acreditar que desse algum resultado. Aos poucos, eles relatavam acontecimentos que os abraços inusitados e inesperados vinham desencadeando. Através dessa prática, foram abrindo espaço nos seus conflitos e batalhas para momentos de brincadeira, afeto rápido ou conforto pequeno. Parecia muito pouco, mas fazia muita diferença.

➲ Volte ao 6.8.

8.16 Prova de amor

"Prova de amor" já foi chavão. Antigamente, foi usada para forçar o início de vida sexual, para exigir comportamentos que o outro não queria ou como álibi para o fim de relacionamentos. Hoje, não se fala muito nisso, mas percebo que, no âmago das pessoas, cada uma tem sua listagem do que espera que o outro faça como prova do seu afeto, da sua consideração, do valor que dá à pessoa amada.

Costumo perguntar aos casais em processo de terapia se sabem o que é prova de amor para o seu companheiro. Na maioria das vezes, eles não sabem. Alguns pensam saber; porém, no momento de checar com o outro, ficam chocados por estarem tão longe do que o outro considera.

É uma tarefa interessante descobrir o que significa prova de amor para o seu parceiro. Sabendo o que é sinal de amor, um novo horizonte de comportamentos e demonstrações se abre; fica mais fácil cada um decidir se quer realmente demonstrar o quanto ama o parceiro.

➲ Volte ao 8.3.

8.17 Concessão ao outro do que gostaria para si

Quando eu era criança, aprendi – não sei se no catecismo, se na escola, se com minha mãe – que uma boa pessoa não fazia para os outros o que não queria que fizessem para ela. Acredito que toda pessoa educada de forma judaico-cristã tenha também aprendido esse conceito. Justifico essa minha digressão porque acredito que tal aprendizagem, distorcida, seja a razão de um comportamento comum entre os casais: não enxergar o que agrada ao parceiro e o que ele espera; ao contrário, fazer para o parceiro o que espera/gostaria que ele fizesse para si.

Uma mulher levou 20 anos para descobrir que cometera um grande equívoco no seu casamento. Ela, quando estava triste ou magoada, desejava que não a incomodassem, que a deixassem quietinha até digerir o que a estava deixando tão mal. Era isso também o que ela fazia quando seu marido estava triste ou magoado. Ele, pelo contrário, quando se sentia dessa forma, esperava que não o deixassem sozinho, que o animassem, que lhe dessem muitas razões para não ficar assim. Quando ele via sua mulher triste e magoada, contava-lhe piadas, não parava de lhe sugerir como sair desse estado e, muitas vezes, fazia-lhe cócegas e afagos. Durante esses 20 anos, havia sido assim, e os dois sentiam-se impotentes frente à tristeza e ao desconforto do outro: ela, completamente invadida; ele, completamente abandonado. Após perceber essa confusão, conversaram e passaram a mudar seus comportamentos, descobrindo outras formas de receber cuidados e cuidar do outro.

Essa é uma entre inúmeras versões do desencontro entre casais, baseadas em fazer para o outro o que espera que o outro faça nos seus momentos de dificuldades.

➲ Volte ao 8.16.

Conclusão

Ao terminar de escrever sobre casais, lembrei de uma tarefa que passei para uma cliente muitos anos atrás. Ela gastava horas e mais horas queixando-se sobre seu marido, sobre tudo que não gostava dele, tudo que gostaria que ele mudasse. Numa das sessões, perguntei a ela se sabia como se plantava e colhia pimentão. Como ela disse que não tinha ideia, pedi que se informasse, que pesquisasse. Ela perguntou a algumas pessoas, pesquisou em uma enciclopédia e voltou para a sessão seguinte com algumas informações simples. Então, revi com ela como se plantava, como se colhia, a cor dos pimentões e alguns outros itens.

Depois de um bom tempo circulando o assunto, perguntei se ela havia colhido alguma informação sobre algum pé de pimentão verde que tenha dado tomates vermelhos. Meio desconfiada, ela respondeu que não. Disse que um pé de pimentão que dava pimentão verde, se bem cuidado e enxertado com um galho de pimentão vermelho, poderia dar alguns pimentões vermelhos; porém, é claro, jamais daria tomates vermelhos.

Então, perguntei: "Por que você escolheu e plantou um pé de pimentão verde e gasta seus dias e sua energia reclamando que não colhe tomates vermelhos?"

Não sei por quê: se ela estava pronta, se a forma da tarefa foi impactante ou se passou a pensar no assunto, mas o que aconteceu foi que, ao invés de continuar se queixando, passou a ver o que seu marido e seu casamento tinham de bom. "Onde estavam os pimentões verdes e os pimentões vermelhos", como ela costumava dizer.

Essa é uma das várias metáforas que servem para repensar as questões das queixas e insatisfações nas relações conjugais ou parcerias.

Desejar que o outro seja o que não pode ser ou dê o que não tem condições de dar; esperar que os "defeitos de fabricação" desapareçam magicamente; esperar que os valores e regras de vida sejam abandonados facilmente são alguns dos comportamentos que não constroem um bom relacionamento. Entretanto, criam expectativas irreais; estas, sem demora, viram mágoas, que viram cobranças, que viram agressões, que viram distanciamento.

Saber que a tarefa é sua, que só com seu esforço vai conseguir realizar algumas mudanças, que as suas mudanças podem integrar o parceiro num processo de mudanças conjuntas, que as reclamações irritam e tiram o desejo de se envolver nas mudanças, que esperar a mudança do outro impede sua própria mudança é um passo que pode transformar uma relação difícil num relacionamento mais esperançoso e vivo.

Ao encerrar, meu desejo é que as pessoas possam compreender que, a partir da clareza das suas próprias dificuldades, podem mudar seu padrão de relacionamento e, assim, mudar seu parceiro.

É uma jornada de descobertas, difícil e dolorosa muitas vezes, mas que pode garantir as aprendizagens e mudanças necessárias para que valha a pena a relação. Assim, cada um poderá passar para filhos e netos um exemplo, uma proposta e um ensinamento: **relacionar-se com intimidade e parceria é possível e vale o investimento.**

⮑ Volte à Introdução.

Referências

ANDOLFI, M.; SACCU, C.; SACCU, C. A. **O casal em crise**. São Paulo: Summus, 1995.

ROSSET, S. M. **Izabel Augusta**: a família como caminho. Curitiba: Livraria do Chain, 2001.

ROSSET, S. M. **Pais e filhos**: uma relação delicada. Curitiba: Sol, 2003.

SATIR, V. **Terapia do grupo familiar**. Rio de Janeiro: Francisco Alves, 1977.

WATZLAWICK, P.; WEAKLAND, J.; FISCH, R. **Mudança**. Princípios de formação e resolução de problemas. São Paulo: Cultrix, 1977.

WATZLAWICK, P.; HELMICK, J. B.; JACKSON, D. D. **Pragmática da comunicação humana**. São Paulo: Cultrix, 1981.

Obras consultadas

ANTON, I. L. C. **A escolha do cônjuge:** um entendimento sistêmico e psicodinâmico. Porto Alegre: Artes Médicas, 2000.

BARON, R.; WAGELE, E. **Eneagrama.** Um guia prático. Rio de Janeiro: Ediouro, 1996.

BRUN, G. **Bem-me-quer, mal-me-quer.** Rio de Janeiro: Record, 2001.

COSTA, M. **Vida a dois.** São Paulo: Siciliano, 1991.

DESIDÉRIO, F. **Encontros, desencontros, reencontros.** São Paulo: Paulinas, 1982.

DESIDÉRIO, F. **Convívio:** análise de aspectos relacionais humanos. Rio de Janeiro: Vozes, 1983.

ELKAIM, M. **Se você me ama, não me ame.** Campinas: Papirus, 1990.

ETIEVAN, N. de S. de. **Cada um se deita na cama que faz.** São Paulo: Horus, 2000.

FONSECA, J. **Psicoterapia da relação.** São Paulo: Agora, 1999.

GOODRICH, T. J. et al. **Terapia feminista da família.** Porto Alegre: Artes Médicas, 1990.

LAING, R. D. **Laços.** Rio de Janeiro: Vozes, 1985.

LOWEN, A. **Bioenergética.** São Paulo: Summus, 1986.

MADANES, C. **Sexo, amor e violência.** São Paulo: Psy, 1997.

MATARAZZO, M. H. **Namorantes.** São Paulo: Mandarim, 2001.

MORIN, E. **Amor, poesia, sabedoria.** Rio de Janeiro: Bertrand Brasil, 1999.

PAPP, P. **Casais em perigo**: novas diretrizes para terapeutas. Porto Alegre: Artmed, 2002.

PEASE, A.; PEASE, B. **Por que os homens fazem sexo e as mulheres fazem amor?** Rio de Janeiro: Sextante, 2000.

PITTMAN, F. **Mentiras privadas.** Porto Alegre: Artes Médicas Sul, 1994.

PICHON-RIVIÈRE, E. **Teoria do vínculo.** São Paulo: Martins Fontes, 1982.

ROSSET, S. M. **Terapia de casal.** O casal em transformação. Trabalho apresentado no 9. Encontro Paranaense de Psicologia, Conselho Regional de Psicologia – Paraná, Foz do Iguaçu, 1997.

SLUZKI, C. E. **Psicopatologia e psicoterapia do casal.** São Paulo: Psy II, 1994.

WATZLAWICK, P. **Sempre pode piorar ou a arte de ser (in)feliz.** São Paulo: Pedagógica e Universitária, 1984.

WILE, D. **Depois da lua de mel.** São Paulo: McGraw-Hill, 1990.

WILLI, J. O conceito de colusão: uma integração entre a proposta sistêmica e psicodinâmica para terapia de casal. Tradução: Danilo Rosset. Curitiba, 1998. Tradução de: Il concetto di collusione: un'integrazione tra approccio sistêmico e psicodinâmico alla terapia di. coppia. **Terapia Familiare.** Rivista interdisciplinare di ricerca ed intervento relazionale, Roma, n. 23, 27-39, mar. 1987.

Outros livros da autora

Izabel Augusta - A família como caminho
Solange Maria Rosset
ISBN: 978-85-89484-1-21

Pais e filhos uma relação delicada
Solange Maria Rosset
ISBN: 978-85-88009-3-94

Terapia relacional sistêmica
Solange Maria Rosset
ISBN: 978-85-88009-3-01

123 técnicas de psicoterapia relacional sistêmica
Solange Maria Rosset
ISBN: 978-85-88009-3-87

Mais técnicas de psicoterapia relacional sistêmica - Vol. 2
Solange Maria Rosset
ISBN: 978-85-88009-4-48

Brigas na família e no casal
Solange Maria Rosset
ISBN: 978-85-88009-5-54

Temas de casal
Solange Maria Rosset
ISBN: 978-85-88009-6-91

Construindo ideias e conectando mentes

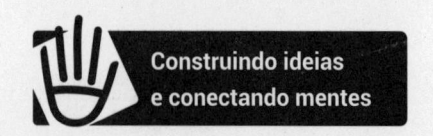

Este livro foi composto com tipografia Bembo Std
e impresso em Papel Pólen Natural 80gr. em julho de 2023.

Impressão e Acabamento | Gráfica Viena
Todo papel desta obra possui certificação FSC® do fabricante.
Produzido conforme melhores práticas de gestão ambiental (ISO 14001)
www.graficaviena.com.br